「学び合う学び」を生きる

〝まなざし〟と〝内省的実践〟がつくる授業

石井順治 著

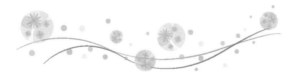

ぎょうせい

はじめに

私もそうだったのだ。この人だけのことではない。私も同じような壁にぶつかり、深い森のなかをさまよう日々を過ごしたことがあったのだ。

外部助言者として学校を訪問するようになって二〇年になる。私が教室を有する授業者だった期間は二二年だったのだから、それに匹敵する長い期間、授業づくりを支える役割をしてきたことになる。

そんな私が、最近、強く思うようになったのは、見せていただく授業一つひとつについてコメントするのは当然だけれど、そのコメントによって、授業をした一人ひとりが、それぞれの壁に立ち向かい、教師として育っていってほしいということである。だから、冒頭のような思いになる。

私が何よりも大切だと感じているのは、それぞれの教師に、教師としての〝まなざし〟をもってもらうことである。

授業を前にしてだれもが行うのは、学習材の研究と授業デザインの作成である。「学習材の研究」とは、これまで「教材研究」と言われてきたものだが、学びを子どもの側からとらえる本書においては、あえて、このように述べることにする。その研究において、教師は、学びの対象である学習材の内容をできるだけ深くとらえようとする。それを私は、〝学びの対象へのまなざし〟と呼んでいる。

しかし、それだけでは子どもの学びは引き出せない。授業において、学びの対象、つまり学習材がどれほど重要であるかは言を俟たない。けれども、学ぶのは子どもである。教師が準備した題材に子どもがどう反応し、どこでどのような考えを抱くか、そしてその探究においてどのような疑問や分からなさが生じるか、それらの考えや疑問、分からなさが突き合わされどのような考えが生まれてくるか、それは、すべて、授業というその場そのときに、ある時は突発的に、ある時は全く予想外に姿を現すものである。つまり、子どもの学びは、授業というその場で、子どもによって生み出される極めて創造的な営みなのである。

教師が授業をするということは、その創造的な子どもの学びを支え、促進するということである。それには、刻々と変わる子どもの事実がみえなければならない。子どもは何人もいる。子どもの事実は一つではない。だから、教師は、何人もの子どもの事実に目を凝らし、耳をそばだて、とらえた子どもの事実を関係づけ、そこから子どもの学びを組み立てなければならない。それは即興性の要求される極めて難しい行為だ。その難しい行為を可能にするのが、〝子どもへのまなざし〟〝子どもの学びへのまなざし〟である。私は、これこそが、授業者である教師の生命線だと考えている。

私は、今、私に授業を公開してくれる教師一人ひとりの「教師としての育ち」にかかわっていると述べた。それは、授業者としての生命線である〝まなざし〟が開かれていくようにするということでなければならない。その人その人の〝まなざし〟が、それぞれの授業の事実に基づいて育つようにしなければならない。それが、同じ実践者だった私がしなければならない最大のことだと思うからである。

私が提唱してきた「学び合う学び」には、「すべての子どもの学びの保障」という重要な理念が存在している。私が、教師の〝まなざし〟に熱い視線を注ぐのは、すべての子どもの学びを目指すことこそ、教師として最も注力しなければならないことだと思っているからである。「学び合う学び」の「合う」には、人と学びとのつながり、人と人とのつながりが象徴されている。考えの異なりなどさまざまな違いを超えた「つながり」こそが、一人ひとりの学びを豊かにし、生きる喜びをつくり、私たちが暮らす人間社会を豊かにすると思うからである。そんな「学び合う学び」を具現化するのが、本書で一貫して述べている〝まなざし〟なのである。

一方、「学び合う学び」にはもう一つ重要な理念が存在している。それは、授業を「子どもが取り組む学びにする」という理念である。

国際的な話になるが、ＯＥＣＤ（経済協力開発機構）が進めてきたプロジェクトにおいて「学びの羅針盤」（ラーニング・コンパス２０３０）という提言が出され、その中の「生徒エージェンシー」という言葉が注目されている。その「生徒エージェンシー」について、ＯＥＣＤの「２０３０年に向けた生徒エージェンシー」という文書の仮訳に次のように記されている。

――生徒エージェンシーとは、変革を起こすために目標を設定し、振り返りながら責任ある行動をとる能力として定義づけられます。つまり働きかけられるというよりも自らが働きかけることであり、型にはめ込まれるというよりも自ら型を作ることであり、また他人の判断や選択に左右されるというよりも責任を持った判断や選択を行うことを指しています。――

「学び合う学び」の「子どもが取り組む学び」は、この「生徒エージェンシー」に適う理念である。大きなことを言うつもりはないが、「学び合う学び」の授業づくりに取り組むということは「生徒エージェンシー」の実現に取り組んでいることになるのではないだろうか。しかも、非常に具体的・実践的に。

ここで声を大にして言いたいのは、「生徒エージェンシー」を深化させるのは、教師であり、子どもたちだということである。そのとき、本書で述べる教師の〝まなざし〟が大きくかかわることになる。それなしには具現化しない。

人がなしうることは、ともに生きる者どうしのかかわりなしに生み出すことはできない。それは「生徒エージェンシー」においても「共同エージェンシー」として述べられている通りである。その人と人とのかかわり、つまり「共同」において、その「共同」を組織する教師に、人と人とをつなぎ、人と学習対象とをつなぎ、生み出される考えと考えをつなぐ〝まなざし〟がなければ、その「生徒エージェンシー」は絵に描いた餅のようなものになってしまう。教育の中核を成すのは、〝まなざし〟なのである。

では、その〝まなざし〟は、どのようにしたら身につけることができるのだろうか。それがわからないから、子どもの事実、題材の深さが〝みえない〟と、教師たちは、悩み、迷い、焦るのだ。しかし、その〝みえない〟自分自身への自覚こそ、〝みえる〟感性への出発点となる。そこに、「〝みえる〟ようになりたい」という願望が存在するからである。その願望があれば、それが憧れとなり、「みよう」という行動につながるからである。

そのとき、なんとしても実行しなければならないことがある。それをすることで〝みえる〟自分を育てることができる、それがなければ〝みえる〟教師にはなれない、そういうことがある。それは、〝内省的実践〟

である。

専門家が真の専門家になるには、自らの行為をふり返る持続的実践を怠ってはならない。自らが成した事実から目を逸らさず、そこから新しい自分を見つけ出す、そういう愚鈍とも言える実践によってのみ、教師は教師となれるからである。

もちろん、自分一人でそれを全うすることは難しい。だから、子どもの学びを「学び合う学び」にするのと同じように、教師もまた、同僚や教師である多くの人たちとともに協同的な取り組みを行う必要がある。

本書は、以上のような私の願いを、読んでくださる皆さんと分かち合うために編んだものである。ずっと「学び合う学び」を生きてきた私が、今、私と同じ世界を生きておられる方々と、さらに、これからその世界で生きていかれるたくさんの人たちと、「学び合う学び」の世界を共有し、授業者として生きるそのあり方を確かめ合うために編んだものである。

第1章と第2章では、国語と算数の授業における出来事を詳細に記し、そこから、教師の〝まなざし〟、つまり教師が〝みえる〟とはどういうことなのかを記した。

第3章において述べたのは「聴く」ことについてである。「みる」ことも「聴く」ことも、ともに子どもの事実をとらえることである。それは、学びをつくる教師の〝まなざし〟をはぐくむ重要な要素である。

そうしておいて、これら三つの章で述べたことをもとに、教師の〝まなざし〟を五つに整理したのが第4章である。ここでも、いくつもの具体的事例を挿入した。こうした事例を知っていただくことによって、本書を読んでくださる先生方のイメージが深まり、それぞれの先生方の事実が生まれることを願うからである。

ここまでの章では、それぞれの教師において、授業が〝みえる〟、子どもが〝みえる〟とはどういうことで、そのように〝みえる〟ことでどういう学びが生まれるのかを述べてきた。

しかし、かくありたいと願う授業は、一人では生み出せないものである。また、短期間の取り組みで生まれるものでもない。専門家が専門家たる技量を身につけるには、教師として生きる者同士の横のつながりと、自らの深まりに向き合う〝内省的実践〟としての経験の蓄積がなければならない。

そこで、本書の後半は、第5章で、学校が学び合う組織として機能するにはどのようなことが大切なのか、第6章で、私がどのようにして「学び合う学び」に行き着いたか、そこに、どのような私の〝内省的実践〟が存在したか、そしてそこから、私が、どのようにして私自身の〝まなざし〟育てに取り組んできたのかを記すことにした。

ところで、最終章で、外部助言者である現在の私自身について述べたのはどうしてかということについて述べておかなければならない。私は、本書を、これからの時代を担う教師の皆さんに読んでいただくことを念頭に記してきた。授業という世界に、五六年もの年月かかわり、教師の営みと子どもの学びを見つめ続けてきた経験に照らして、どうしても書き残しておきたかったからである。

しかし、それを、先輩ぶった上から目線で書きたいとは思わなかった。私は、今もって、数多くの教室を訪れ授業を参観している。それは、こんなに長く授業の世界に身を置いてきたにもかかわらず、まだまだ新しい気づきを得ることができるからである。つまり私は、今もって授業づくりの現役なのである。授業の世界、子どもの学びの世界の魅力は、無尽蔵である。その魅力にひかれ、私は学校の門をくぐる。しかし、学校にとっては、私は外部助言者。その役割を果たさなければならない。ただありがたいことに、この二つのことは、私にとって別物ではない。私が授業の魅力にひかれているからこそ、助言という役割をこなすことができるからである。

このように考えてみると、本書は、後輩の皆さんへのメッセージとして綴ったものだけれど、むしろ、同じ土俵に立つ同志である皆さんに対する連帯のメッセージとして編んだと言ったほうがぴったりするように思う。そのためには、外部助言者としてどのように生きるかという私自身のことを記さなければならない。それが、第7章を加えた私の思いである。

本書を読んでくださった皆さんは、私が、私に多大な影響を及ぼし、支えてくださった何人かの方のことを記していることに気づいてくださったと思う。専門家が専門家として育つには、こうした先達から学ぶことなしには成しえないのである。私の「学び合う学び」は、私自身の経験によって可能になったものにちがいないのだが、本書に記したこれらの方々がいらっしゃらなかったらできなかったと私は断言する。

今は亡き斎藤喜博氏、氷上正氏、稲垣忠彦氏、これらの方々は私にとって恩人であり、師である。そして、常に、身近で、最も深く最も熱く「学び合う学び」への道を開いてくださった佐藤学氏、秋田喜代美氏には、どれほどの感謝の言葉を述べても足りないほどである。お二人との出会いがなかったら今の私はない。

そして、忘れてはならないのは、国語教育を学ぶ会でともに学んだ人たちのことである。田村省三さん、若林達也さん、中村敬三さん、そして本書にも登場していただいた小畑公志郎さんとの交流なくして学び続けることはできなかった。さらに恵まれていたのは、私の周りには、いつも、どんなときでも、私のことを信頼してくれる東海国語教育を学ぶ会の仲間たちがいたことである。私は、これらの人とともに生きてきたと思っている。これらの人たちは、私にとって同志であり、心の支えであり、ある意味家族以上の存在であった。

そして、子どもたち。私に最大の学びをもたらしたのは、子どもたちだったのだ。それは、本書の事例が証明している通りである。私が出会った数限りない子どもたちに感謝である。但し、本書に登場する子どもたちに関しては、すべて仮名にさせていただいた。了解していただきたい。そのうえで、そうした素晴らしい子どもの事実を生み出した授業をし、本書への掲載を了承してくださった先生方に心からのお礼を申し上げる。

私は、間もなく傘寿を迎える。

そのような時期に、本書を編むことのできた喜びを感じる。有難いことである。

最後になるが、本書出版にあたり、尽力いただいた㈱ぎょうせいの皆さんに心よりの謝意を伝えたい。思い返せば、『教師の話し方・聴き方』に始まったご縁は、『「対話的学び」をつくる』と続き、本書で五冊目となる。お世話になった。

コロナ・パンデミックはまだ十分には収束していない。世界の情勢にはさまざまな不安感が満ち溢れている。国内に目を移しても、不安定要素がいつくも存在している。けれども、子どもたちの未来に対する希望は決してなくさないようにしたい。

私たち一人ひとりの力は小さなはかないものである。けれども、その小さな力を、未来を担う子どもたちに届け続ける、その行為だけは全うしたい。
私にできること、それは「学び合う学び」を、教師たちに、学校に、子どもたちに届けること。教師としての〝まなざし〟を生涯大事にし続けること。そして、どこまでも〝内省的実践〟を続けること。そのことによって、「学び合う学び」のささやかな深まりを生み出すことなのだと思っている。

石井順治

二〇二三年春

目次

第1章　すべての子どもに、深い学びが生まれるとき
――小学校四年・詩の授業において

1　授業づくりの三つの軸

授業づくりには、なくてはならない軸が三つある。

一つ目は、すべての子どもの学びを目指すという軸である。学校は就学年齢に達したすべての子どもの教育を担う機関である。つまり、一人ひとり、どの子どもに対しても平等に学びを保障するのが学校教育でなければならない。もちろん、様々な差異をもつ何人もの子どもの学びを保障することは簡単なことではない。その簡単ではないことに向き合い、具現化を図るべく努める、それが授業づくりであり、教師の仕事である。そのことの重みを、教師は常に抱き続けなければならない。

二つ目は、常に、学びの深まりを目指すという軸である。「学ぶ」とは、分かっていないこと、できないでいること、知ってはいるが表面的で浅いこと、もっと言えば未知なるものに対する探究を行うことであ

り、それによって子どもの可能性を開くことである。それは、単に、できるように分かるようにすればよいということではない。子どもの内包しているものが次々と新しく豊かになるようにしなければならない。それには、創造的開発と建設的な取り組みが必要となる。もちろんその取り組みには多くの困難が伴う。しかし、その結果、学びに入る前には考えられなかった域に達することができれば、学んだという実感が生まれ、一気に喜びに包まれる。「深まる」とはそういうことであり、それが生まれるから子どもたちは学びに意欲を燃やすことができるのである。

三つ目の軸、それは、教えてもらう勉強から、自ら取り組み発見する学びに転換することである。教師は、自らの職を自覚すればするほど「教える」ことに偏る危険性を有している。どの子どもも分かるようにしたい、できるようにしたい、そうした思いが過ぎると、どう教えるか、どう分からせるかという方向に走ってしまうからである。そうなると、授業における学習は、子どもにとって、与えられるもの、教えられるものになってしまう。楽にすむこと、すぐ分かることは、深まりにはなりにくい。すぐにはできないこと、分からないこと、困難なことに挑み取り組むから学びが生まれ、人として成長することができる。だから、どんなに善意から発したことであっても、分かりやすくすることだけに陥って、子どもの育ちを妨げるようなことになってはならない。教師の仕事は、安易に教えるのではなく、子どもの取り組みを生み出し、見守り、方向づけ、そこから生まれた子ども自身の疑問や考え・気づきに基づいて、子どもによる学びを促し、子どもが自ら発見できるようにしていくものでなければならない。

「主体的・対話的で深い学び」への授業改善が進められている今、日本の教師たちは、まさに、この三つの軸の具現化に取り組んでいる。その取り組みにおいて、最も根幹を成す「理念」は、学びの「平等性」と「卓越性」と「協同性」を実現し、学びに対する意欲を引き出し、社会人として生きる礎を築くことではないだろうか。

教師たちの取り組みは始まっている。ポストコロナ時代に入ったことでもあり、それはきっと加速していくことだろう。そのとき、なんとしても避けなければならないことがある。それは、学びを「孤学」にすることである。自力学習とか個別最適とかいう用語を一面的にとらえ、一人ひとりを分断してしまうと、学びに格差が生まれ、学ぶ意欲が薄まるとともに、他者関係の築けない人間をつくってしまうことになる。人は一人では生きられない。人生は他者と協同することによって豊かさを増す。学びも同様である。困難さに向き合ったとき、学びに行き詰ったとき、ともに学ぶ他者、支え合える仲間がいることで、その学びを全うできる。学びには子ども相互のつながりが必須なのである。三つの軸の具現化の最大の敵は「孤学」である。そして、その対極に位置する学び方が、本書の主題である「学び合う学び」なのである。

「学び合い」という言葉がつくと、それは学び方の一つの方法だととらえられがちだが、もちろんそういう側面もあるが、「学び合う学び」は、授業方法という狭い範疇で受けとめるのではなく、理念だととらえてもらいたい。「学び合う学び」は、「学び」の本質に基づき、どう生きるかという人生観と深くつながっているからである。

ここに、上記の三つの授業の軸（子どもの側から言えば、学びの軸）が存在する授業がある。

教科は、国語。テキストは、金子みすゞの詩「なかなおり」。学ぶ子どもたちは、小学校四年生。授業者は、岩本美幸さん（三重県御浜町立阿田和小学校）である。

授業が行われたのは、岩本さんが担任になってまだ一か月半ほどの五月中旬である。

2　読むこと、聴き合うことで、にじみ出る詩の味わい

「ほおーっ！」

私は思わず感嘆の声をもらした。一度ではない、二度も三度も。

私は、子どもたちの斜め前の、教室の隅から授業を撮影していた。その私の体内に、子どもたちの語るひとことひとことが沁み入ってきたからだ。

子どもたちは、この時間になってこの詩に出会った。それなのに、私がこの授業までに何度も読んでとらえたものなど遥かに超える味わいを出してきた。しかも、そこには私の思いつかない発想すら含まれていた。

授業をしている岩本さんは、東海国語教育を学ぶ会でずっと文学の授業の実践を続けてきた人だ。その岩本さんが、担任になってまだ一か月半の子どもたちと読む詩として選んだのが、次ページの金子みすゞの「なかなおり」だった。

子どもたちは、三年生のときにみすゞの詩に出会っている。「わたしと小鳥とすずと」が国語の教科書に掲載されているからである。しかし、「なかなおり」は、メッセージ性の強い教科書の作品とは異なり、ほ

んわりとした温かさを漂わせ、それでいて詩の世界の奥深さを感じさせる詩である。そういう意味では、みすゞの代表作のように言われる「わたしと小鳥とすずと」より、こちらのほうが、むしろ詩としての味わい深さが感じられる。岩本さんが、この詩を子どもたちに、と思った気持ちが私にはよく分かる。

(1) 読みを聴き合うまでの授業前半の経緯

私が教室に着いたとき、子どもたちはすでに音読を始めていた。一人ひとりがそれぞれのペースで読む「各自音読」だ。子どもたちのしっとりとした声がさざ波のように教室に広がっている。もうそれだけで詩を味わう空気が感じられる。

各自音読は五分にも及んだ。一回読むのに、どんなにゆっくり読んでも一分とはかからないのだから、子どもたちは少なくとも六、七回は読んだことになるだろう。読み味わいはどれだけ言葉に触れたかで決まる。それが実践されている。

各自音読の後は、みんなの前で一人の子どもが読む音読（以下、一人音読）だ。それを二人。子どもたちは、その音読をしんとして聴く。そのうえで、岩本さんが意味の分からない言葉はないかと尋ねる。子どもが出してきたのは「げんげ」と「春がすみ」の二つ。二つとも、知っている子どもがいてすぐにクリア。

なかなおり　　金子みすゞ

げんげのあぜみち、春がすみ、
むこうにあの子が立っていた。
あの子はげんげを持っていた、
わたしも、げんげをつんでいた。
あの子がわらう、と、気がつけば、
わたしも知らずにわらってた。
げんげのあぜみち、春がすみ、
ピイチクひばりがないていた。

『金子みすゞ童謡集　わたしと小鳥とすずと』（ＪＵＬＡ出版局）

すると、ここでも一人音読を二人。そして、一人ひとりが感じたことを行間に書く「書き込み」を行う。静寂さに包まれた教室で五分、子どもたちは思い思いに鉛筆を走らせる。

書き込みが終わると、一人音読を二人。そして、グループになって互いの読みの「聴き合いっこ」だ。私は、ビデオカメラを操作しながら、いくつかのグループの対話に聴き耳を立てる。子どもの表情が生き生きしている。それを見ただけで、この詩が子どもたちに受けとめられていることが分かる。

四分ほどたったところで、岩本さんから子どもたちに声がかかる。

「みんなで聴き合いっこしたいです。（その前に）読んでもらうね」

またまた一人音読を、今度は三人。ここまで岩本さんは決して同じ子どもを指名していない。だから、これで、一人音読をした子どもは九人になる。この後の「全体での聴き合い」においても何度も音読をしているから、最終的には全員が音読していたのではないだろうか。

授業時間が半ばに達した。ここから、岩本さんの言う「みんなで聴き合いっこ」に入る。その「聴き合いっこ」で、私は、子どもたちの味わいに魅了されることになる。

(2) 聴き合うことから生まれる味わい

【岩　本】　じゃあ、全体で聴き合いっこするよ。
【綾　乃】　春に、…「むこうにあの子が立っていた」のとこで、……あの子も立っていた。
【優里亜】　綾乃ちゃんと似ていて、仲直りした子が立っていたのかなあ？

【和　明】「げんげのあぜみち」のところで、そこにしかない…、たくさん咲いている。…そこはレンゲしか咲いていない所。
【岩　本】そんなきれいな所、想像したんやね。
【沙　月】「げんげのあぜみち」って、両方にげんげがあって、それで道ができている。
【静　香】「げんげのあぜみち」のところで、げんげがいっぱいある。

まず、子どもたちが出してきたのは、「あの子」と、その「あの子」が立っていた所、つまり「げんげのあぜみち」である。れんげ草に彩られている「わたし」と「あの子」の出会い。絵画のようなその光景を、子どもたちは、何よりも先に描き出す。

そこに立っていたのは「仲直りした子」だと優里亜が言う。詩の本文には「なかなおり」という言葉は出てこない。だから、本文だけ読んでいると、あの子とわたしの関係は想像するしかない。つまり、この詩は、本文と題名をつなげることによって読めてくるのだ。優里亜は、もうこの時点でそれを実行している。とは言っても、「あの子」は、すでに仲直りした子なのか、これから仲直りしたい子なのか、そこはまだ不確かだ。だから、彼女は、「～かなあ？」と、考え考えみんなに問いかけたのだ。

子どもたちは優里亜の問いかけには応じない。それよりも、今は、れんげ草いっぱいのあぜ道を描きたいのだろう。

それに対して岩本さんは何も言わない。優里亜の出してきたことの大事さに気づいていないはずはないのだが、ここはそっと見守っている感じだ。

するとさっき、げんげがたくさん咲くあぜ道についていちばん先に発言した和明が、「よく分からないんだけど……」というように、次のように発言し、それを契機に子どもたちの関心が「あの子」と「わたし」に向かう。


【和明】「むこうにあの子が立っていた」のところで、偶然、会っているんか?……なんで(あの子が)ここにいるんか?

【岩本】和明くんの言ったこと、グループで話してみて。

【子どもたち】[グループで聴き合う]

和明は、「聴き合いっこ」が始まってすぐれんげ草がいっぱいに咲くあぜ道を頭のなかに描き出していた。そこに「あの子」を登場させたのだ。そのとき浮かび上がったのが、「二人はここで偶然出会ったんだろうか。…そんな感じがする。だけど、どうしてあの子はここにいるのだろう?」ということだったのだ。この和明の気づきに、グループの後、他の子どもが次のように応じる。


【守也】なんかさ、その子は、たまたまそこにいたって感じ。

【沙月】わたしが、げんげをつみに行ったら、たまたまけんかしちゃった子がいて、びっくりして……。


守也も沙月も「たまたまけんかしちゃった子がいて」と言った。「たまたま」という言葉に、二人が和明の「偶然会った」というイメージに触発されたことが表れている。しかし、沙月は和明の言ったこととつないだだけではなく、その前の優里亜が言っていた「仲直りした子」ともつないでいた。「けんかしちゃった子→たままいた→びっくり」というように。

そのときである。康彦が次のように語り始めた。

【康　彦】和明くんが言ったことで、あの子が、…かすみで、あの子のことが見えなくて、…それで、一瞬、かすみが薄くなって、それで、あの子がいるって分かった。

康彦が「かすみで」と語り始めたとき、私はどきっとした。この詩をかすみのかかった情景として描けるか描けないか、それが決定的に大切だと思っていたからである。

「わたし」と「あの子」のあいだに流れる白い「かすみ」。それは、まさしく二人の状況を象徴している。詩人は、その二人の状況を解説的に説明するのではなく、イメージとして描き出しているのだ。「わたし」は、「かすみ」を通して「あの子」を見ている。それは二人の隔たりそのものだ。「白いかすみ」が「あの子」と「わたし」を隔てているのだ。その情景が子どもの方から出てきた。

彼は、「和明くんが言ったことで」と前置きして語り始めている。康彦は、和明のように「なぜここにいるのか？」と考えるのではなく、それはかすみで分からなかっただけで、そのかすみが薄くなったからあの子に気づいたのだとイメージしたということなのだ。

一人の子どものイメージが、さらに別の子どものイメージを呼ぶ。岩本さんが言う「聴き合いっこ」とは、こういうことなのだ。康彦のこのイメージは、聴き合うことによって生まれたのだから。

(3) つながりながら焦点化していく子どもたち

聴き合いは読みの連鎖をつくり出す。そしてそれは、次から次へと、新たな気づきを生み出していく。驚くばかりだ。

【雄一郎】「あの子はげんげを持っていた、／わたしも、げんげをつんでいた」のところで、自分も相手も仲直りを（したくて）……、（だから）ともだちが来るのいややなっていう気持ちが、二人とも同じやった。
【晴　香】雄一郎くんが言ったことで、二人は同じ気持ちをもっていた。
【岩　本】「同じ気持ち」って、二人ともどんな気持ちでげんげをつんでいたの？　グループで話してみて。
【子どもたち】［グループで聴き合う］
【岩　本】聴かせて！　どうぞ！（この一声で全体に戻る）
【明】仲直りしたくてげんげをつんでた。
【綾　乃】前は、なんか、…けんかしていて、今は、なんか…この場面で、あの子とわたしがわらっていたから、それで仲直りした。
【美　鈴】「わたしも」やから、あの子もげんげをつんでいた。
【亜里沙】さっき、仲直りがって（言っていたけど、それまでは）仲良しだったから、行きたい場所が同じだった。

【和　明】亜里沙ちゃんが言ってて、心が勝ったから会えて、また、仲直りして遊びたかった。
【岩　本】綾乃ちゃんが進めてくれた『三』のとこ行く？　……康彦くん、読んでくれる。
【康　彦】［音読する］

康彦によって出されたのは、二人の間の「かすみ」。その次に出てきた気づきは、「二人とも同じやった」である。出したのは雄一郎。

子どもたちにとって「同じ」ということは、仲間とつながり合うときの決定的な要素なのかもしれない。子どもたちは常日頃そういう感覚を抱いていたのだろう。それが、この詩に描かれた「あの子」と「わたし」の関係とつながったのだ。

ふたりとも、偶然、このあぜ道にやってきて、「げんげ」をつんでいた。「わたしも」の「も」が「同じだ」といううれしさを表している。

さらに亜里沙は言う、「行きたい場所が同じだった」と。「げんげ」に包まれた「あぜみち」、そこが二人の行きたいところだったのだと言う亜里沙。そこは、詩を読む子どもたちにとって仲直りに絶好の舞台に映るのだ。

もう子どもたちは、仲直りできるうれしさを感じている。仲直りするのは詩のなかの二人なのに、自分のことのようにうれしくなっている。子どもたちは、詩を読むというより、仲直りする喜びを表出しているかのようだ。

子どもたちは、「あの子」と「わたし」における「同じ」が、仲直りを生み出したと語った。その「同じ」ということについて、もう一つ別のことが子どもたちから出されていたのだが、気づかれただろうか。その考えとは「あの子とわたしがわらってた」である。出したのは綾乃。詩に「あの子がわらう、と、気がつけば、／わたしも知らずにわらってた」と書かれているところである。

「わらう」、それは、人と人とのつながりにとって潤滑油のようなものである。かすみの向こうに、「あの子」がいることに気づき、その「あの子」が自分と同じげんげを持っていた、そして「あの子」が「わらっていた」、それが、「わたし」にとってどれほどうれしいことだったか。そのうれしさは、「わたしも知らずにわらってた」というわらい方に表れている。二人の「わらい」は、仲直りの決定打なのだろう。

この詩における「わらい」がそういうものだということは、岩本さんも感じていたにちがいない。けれども、綾乃がそれを出してきたとき、他の考えを止めて「わらい」に目を向けることはしなかった。子どもたちの自然な聴き合いに委ねたかったからだろう。そこが岩本さんの素晴らしいところだ。

しかし、綾乃の発言の後、「わらい」に触れてくる子どもがいない。そこで、岩本さんは、「わらい」を直接持ち出すのではなく、綾乃が「三の場面（第三連）」と言ったのを利用して、「綾乃ちゃんが進めてくれた『三』のとこ行く？」というように誘った。そして、先ほど「かすみが薄くなって」と発言した康彦に音読をするように促した。

岩本さんがここで音読を入れたことは実に大切なことだった。

この詩は、七五調で書かれている。ところが、二人の「わらい」が描かれた第三連は、その七五調が崩されている。「あの子がわらう、と、気がつけば」と、二つの読点が入れられているからである。その読点が入れられている箇所に、仲直りの決定打である「わらう」が存在している。しかし、「読点があるのは『わらう』を焦点化するため」などと解釈的に考えさせたり教えたりすることは慎まなければならない。それは、そういう理屈ではなく感じとりたいことである。それには、音読することだ。「あの子がわらう」と読む声が読点で止まったとき、読んでいる子どもにも、音読を聴く子どもにも、「わらう」が染み入ってくるにちがいないからである。

【沙　月】「わたしも知らずにわらってた」のところで、あの子がわらってたから、本当はわらおうとはしてなかったけど、つられてわらってしまった。
【明】「あの子がわらう、と、気がつけば、／わたしも知らずにわらってた」で、けんかをしていた人と仲直りした気分。
【岩　本】どんなふうにわらったの？……グループで話してみよか。
【子どもたち】［グループで聴き合う］
【沙　月】［音読する］
【一　輝】うーん。…なんか、……おもしろくてわらってて、その子が。そして……。
【岩　本】（言い淀んでいる一輝に）何がおもしろかったん？……もう一回、読んでみよか。きっと浮かんでくるよ、おもしろかったこと。

【亜里沙】［音読する］
【岩　本】何がおもしろかったんかなあ。健人くん、もう一回、読んでみて。
【健　人】［音読する］
【一　輝】亜里沙ちゃんが言ってたんだけど、けんかした子とまた会えたから。
【和　明】げんげは……、二人とも持っていて、二人一緒だ！みたいな、…なんか、わらった。
【晴　香】二人とも同じことしてたから、なんか、おもしろかった。
【康　彦】二人とも同じことして、あと、なんか……目が合ったりした。
【綾　乃】げんげと春がすみで……見えて……、（げんげを）とったから、同じ。

岩本さんが「どんなふうにわらったの？」と問い、グループで聴き合うようにした後「おもしろくてわらって」と言った一輝の発言に対して、「何がおもしろかったん？」と尋ねたのは、どういう意図によるものだったのだろう。しかも、二度も音読を入れている。それは、ここまでの子どもたちへの対応に比べると、やや岩本さんの押し出しを感じる。なぜだろう。

「わらい＝おもしろい」と直線的に考えることに通俗的になる危うさを感じたからかもしれない。しかし、「何がおもしろかったん？」という問い方だとおもしろさの中身を尋ねていることになり、「わらい＝おもしろい」の考え直しにならないばかりか、おもしろさを詮索することになる危険性もある。

もしかすると、岩本さんにはたいした意図はなく、うまく自分の感じたことを話せなかった一輝をフォローしたかったからだけなのかもしれない。しかし、この問いは、まかり間違うと、二人のわらいを一般的・通俗的な「わらい」にしてしまう危険性がある。授業をみていた私は、直感的にそんなことを感じた。

ただ、そんな私の懸念など全く必要なかった。子どもたちは、

――けんかした子と、こんなふうに出会うなんて。おまけに、二人とも、おんなじように
げんげをつんでいた。けんかになるほどのことがあったのに、まるで一緒のことをしてるなんて、おもしろすぎるわ。――

というふうに読んだからである。

子どもたちは、「わたし」になりきっていたのだ。「わたし」になって「あの子」を眺めていたから、この状況における「わたし」にとっての「おもしろさ」だけが湧き上がってきたのだ。一般的・通俗的になどなるべくもなかったのだ。

子どもたちの言う「おもしろさ」は、さらに子どもなりのイメージを生む。それが、少し前に「かすみが薄くなって…」と発言していた康彦の「(二人の)目が合った」である。私は感嘆した。ここにはこの子どもの実感がある、そう思ったからである。そんなことはこの詩のどこにも書いてない。厳密に言えば、かすみのかかった向こうとこちらでは、互いの「目」まで判別できないかもしれない。けれども、だからと言って康彦の想像が間違っているなどと野暮なことを言ってはならない。康彦は、仲直りすることを願い続けている「わたし」になりきっているのだ。そん

な「わたし」にとっては、かすみの向こうの「あの子」の「目」も感じられるのだ。

かすみで隔てられている二人、そのかすみを挟んだ向こうとこちら、そこで、互いに微笑んだ二人、その二人の目が合っていると言う康彦。読み描くということは、これほどのリアリティと情感を生むのだ、そう思う。

そして、最初に「わらい」をみんなの前にもち出した綾乃が、ここでまたまた口を開く。「康彦くんは、春がすみのこと言ってたでしょ。その春がすみがかかっているんだけど、げんげを持っていて同じだと、そんなふうに見えたんでしょ」と言わんばかりに、念を押すかのように「春がすみ」に触れてきたのだった。

やはり「春がすみ」は、二人の隔たりの象徴なのだ。子どもたちは、その隔たりをも乗り越えているように描いているのだ。それが、「目が合っている」であり、「同じ」なのだ。私はそう感じた。

(4) 教師の配慮に応える子どもたち

授業時間が残り少なくなってきた。とは言っても、岩本さんに急ぐ様子はない。ここまでと同じように、また音読をするように促す。指名したのは、「何がおもしろかったん?」という問いのきっかけとなる「おもしろくてわらってて……」と発言した一輝である。

音読をする子どもの指名一つにも岩本さんの心配りがある。このときの音読は、ここまでに「わらい」を味わうきっかけをつくってくれたこの子に、と、そういうことだったにちがいないからである。そのときそのとき、誰に音読をさせるか、それは、だれであってもよいということではないのだ。その子その子に、読ませるべきタイミングがある。岩本さんはそう考えていたにちがいない。いや、いちいちそのように考えなくても、いつもしていることなのだろう。だから、子どもたちが、それに応えるかのように、自らの内に生まれたものを惜しげもなく出してくるのだ。

一輝の音読を、からだ全体で聴きとる子どもたち。

ここまででも私は魅了されていた。けれども、子どもたちはそれで終わりにしなかった。残り五分でフィナーレにふさわしいドラマを起こす。

【一　輝】［音読する］

【菜　摘】「ピイチクひばりがないていた」ってところで、ひばりがうれしくてピイチクないていた。

【亜里沙】ピイチクがお祝いみたい。

【雄一郎】最初の「げんげのあぜみち、春がすみ」って、…最初と最後で、同じ。

【岩　本】（子どもたちみんなに）気づいている？…グループで話してみて。

【雄一郎】（今の発言に付け足すように）同じやけど、ちがう。

【子どもたち】［（雄一郎の付け足しも受けて）グループで聴き合う］

一輝の音読が終わってすぐ、菜摘が語ったのは、第四連に書かれている「ピイチク」というひばりの鳴き声についてだった。岩本さんは、残り時間が少なくなったから第四連について考えるように指示したわけではない。それなのに、当たり前のように子どもたちの目は、第四連に向かっている。

子どもたちは言う。「ピイチク」はひばりが喜んでいるのだと。そしてそれは、「お祝いみたい」なのだと。最後に作者が描いたひばりの鳴き声を、このように感じとれる子どもたち。それは、仲直りをした二人のことを、自分のことのように喜んでいるからにちがいない。


そのとき、雄一郎が何かを考える仕草をした。それに岩本さんが気づき、雄一郎を指名する。指名を受けて雄一郎が語ったことを聴いて私は驚いた。彼が語ったのは、第一連と第四連の呼応する関係についてだったからである。

詩は常に丸ごと読むもの、そうでなければ味わえない、私がそう思うようになったのは、いくつも詩の授業をしてからだった。しかし、どうしても視線は部分に行く。そして、その部分を感じとろうとする。それでは、詩は丸ごと読めなくなる。

第一連と第四連は、ともに「げんげのあぜみち、春がすみ」で始まっている。つまり、同じフレーズが繰り返されているのだ。菜摘が第四連に目を向けて語ったのを聴いた雄一郎は、そのときふと詩に目をやり繰り返しに気づいたのだ。

繰り返しが第一連と最終連だということからして、詩人はそこにかなりの意味を込めているにちがいない。雄一郎の言っていることを耳にした私は、「こんな重要なところに子どもが気づけるのか?」と驚いた。雄一郎が「詩は丸ごと味わうものだ」と知っていたわけではないだろう。しかし、彼は、動物的な勘のように、この繰り返しに気づいたのだ。そして、その気づきはそれだけにとどまらず、その次の行にも目が向いていて、「同じだけどちがう」と述べたのだった。第四連の「ピイチク」というひばりの鳴き声は、こうしなければ味わえないのだから、そこにまだ四年生になったばかりの子どもが気づいた。まさに子どもは可能性のかたまりである。

ここで、岩本さんは、またまたグループでの聴き合いを指示する。そして、グループから全体に戻したその後、そのドラマが生まれたのだ。

【岩　本】（グループで聴き合う子どもたちに伝えるように）「げんげのあぜみち、春がすみ」って同じやけど違うって……。そのことで、…健人くん、何か、すてきなこと、書いてる。……健人くん、読んで。

【健　人】（困った様子でもじもじして、小さい声でつぶやくように読む）…なかなおりしたい。

【岩　本】…聞こえる？

【子どもたち】（何人かが答える）「なかなおりしたい」って（健人くんは言っている）。

【岩　本】（健人の書いているのをのぞき込んで、その次に書かれているのを読むように促す）

【健　人】ひばりがないている。

【岩　本】（「うん、うん」とうなずくようにしながら、子どもたちみんなに）健人くんにつなげて。

【静　香】最初は、一人で歩いているけど、最後は、二人で歩いてる。

【岩　本】その景色、浮かべながら、読んでほしいんだけど、もう一回自分で読んでみて。

【子どもたち】［各自音読］

【岩　本】（詩の最初と最後が）「同じだけどちがう」って言ってくれた雄一郎くん。…最後に雄一郎くんの（音読を）聴いて終わりにします。

【雄一郎】［音読する］

【岩　本】素敵な読み、ありがとう。一時間目から全力出してくれて（みんな）ありがとう。

グループで子どもたちが聴き合っているなか、岩本さんが健人のところに近寄っていった。そして、詩が印刷された用紙の余白に彼が書いていることをじっとみつめていた。やがて岩本さんは子どもたちみんなに声をかけた。これまでだと、グループから全体に戻した後はグループで生まれた子どもたちの考えを聴くことになるはずだ。しかし、岩本さんはここではそうしなかった。健人に書いていたことを読むように促したのだ。

健人が語ったのは、第一連に書き添えていた「なかなおりしたい」と、第四連に書き添えていた「ひばりがないている」の二つだった。それを聴いた私は、胸が熱くなった。彼は、心のなかに生まれていることをしっかりと語れたわけではなかった。断片的な言葉を、先生や仲間に励まされるように読んだ、そういう感じだった。

私は、健人が読んだ二つの言葉を反芻した。すると、間を置いて語られた二つの言葉の間で、彼が何を想像していたのか知りたくなった。それが分かれば、彼が言った「ひばり」は、どういう状況で鳴いていると想像したのか、そしてその鳴き声が「わたし」の心に、それは健人自身の思いでもあると思うが、どう聴こえていたのかが〝みえる〟と思ったからである。

しかし、このときの健人からはそれを語る言葉は出てこなかった。うまく語れないからこそ、書いたものも断片的になったのだからそれは当然のことだった。そう気がついた私は、ますます彼の心のなかに生まれているものを、もちろん健人自身の自覚はないのだろうけれど、そのことを知りたくなった。けれども、その一方で、彼にとってはもうこれで十分なのだとも思った。いま彼に、もっと詳しく語るように促すことはしてはならないと思ったからである。

では、なぜ岩本さんは健人に書いていたことを読むように促したのだろう。岩本さんのことだ。心のなかに抱いていたことを健人は語れないだろうと分かっていたのだ。それでも、彼が感じていることを他の子どもたちに知ってほしかったのだ。

健人が何を書いていたのかを知ったそのとき、岩本さんは、彼がいとおしくてならなくなったのだろう。健人は手を挙げて語ろうとはしない子どもである。でも、授業時間が残り少なくなった今、彼がこんなに心をこめて書いている、そのことに胸打たれたのだ。そして、この子の考えをみんなにも知らせたい、そんな思いが湧き起こったのにちがいなかった。

後から見せてもらったのだが、健人はこのとき、先ほど読んだ二つの文とともに絵を描いていた。それは、「わたし」と「あの子」が並んだものだった。そして、「わたし」に「なかなおりしようよ」、「あの子」に「うん」という吹き出しをつけていた。それは、「わたし」と「あの子」の間に流れている心情のつながりを健人がどう感じていたかを表していた。授業のあのとき、健人が読んだ「ひばりがないていた。」という文には、なかなおりした二人を祝福するかのように鳴くひばりの声がイメージされていたのにちがいなかった。それが、この子が感じた第四連だったのだ。

ここでどうしても健人のその後を話しておきたい。この授業の半年後、同校を訪問し岩本さんの授業を参観した。その私の目の前で、彼が手を挙げて堂々と自分の考えを語ったのだ。岩本さんに尋ねると、今では他の子どもと遜色ないほど話せるようになっているという。「なかなおり」の授業は、健人の学ぶ喜びを引き出しただけでなく、彼の言葉をも引き出したのだ。教師の〝まなざし〟は、それほどまでもの事実を生む。私たちはそのことを噛みしめなければならない。

授業に戻ろう。岩本さんが、「健人くんにつなげて」と子どもたちを促した。すると、静香が黙って手を挙げる。岩本さんによると、彼女が手を挙げて発言することはあまりなかったのだそうだ。その静香の手が挙がったのだ。それは、「つなげて」という岩本さん言葉に促され、語りたくなったということなのだろう。それほど素敵なことがこのとき静香の頭のなかに浮かんだのだ。

「最初は、一人で歩いているけど、最後は、二人で歩いてる」

静香が語ったのは静香の頭のなかに浮かび上がったイメージであった。詩にそのようなことが書かれているわけではない。しかし、ここまで何度も音読し、みんなの話を聴き続けてきて、最後に健人の言葉を耳にしたとき、静香の目の前に浮かび上がったのはこういう光景だったのだ。連れだって歩いている二人の姿だったのだ。そのイメージを、めったに自ら発言しようとしない静香が語った。静香をそういう気持ちにさせたもの、それは、この詩の世界と、その詩を味わう子どもたちと岩本さんが醸し出す雰囲気が生み出したものにちがいなかった。

最後の最後に、健人と静香からこれだけのものを引き出した岩本さん、それは、この時間だけでなく、常に、すべての子どものことに心を砕いていたからできることにちがいなかった。そして、その先生の配慮に、子どもはこれ以上ない見事さで応えたのだ。

詩を音読する子どもたちの声が教室に響く。そこに授業終了のチャイムが重なる。なんとぴったりなタイミングなのだろう。こんなフィナーレを迎える授業などそうそうあるものではない。それでも、岩本さんは、「一連と四連のちがい」をもち出した雄一郎の音読で締めくくることにする。ゆったりと噛みしめるように読む雄一郎の声。私の胸に熱いものがこみあげる。

こうして私は、静かに、ビデオカメラのスイッチを切った。

3　すべての子どもに読みの深まりが生まれたのは

この授業は、子どもたちが、それぞれの内に生まれた気づきやイメージを出し、それを聴き合うなかで、詩の世界を味わい抜いた授業である。授業をした岩本さんが、教師として尋ねたいことを発問するということは一切なかった。唯一、私が「通俗的になるのではないか」と心配した問いにしても、子どもが出してきたことに端を発している。

読むのは子どもである。文学を味わうのは子どもである。子どもが、詩に触れ、言葉に触れ、詩に描かれた状況に触れて自らの読みを導き出す、そのことによって、子どもたちは文学・詩を読み味わうとはどういうことかを堪能することができる。その原則を全うしたのがこの授業だったと言える。

ここで子どもたちの読みがいかに深まりに満ちていたかについて、改めて述べておきたいことがある。この授業の映像を、第二三回「授業づくり・学校づくりセミナー」における「学びの事実が〝みえる〟ということ」のセッションにおいて観ていただいた。その際、「この詩のなかに〝あの子〟は実際にはいない」という読みが語られ、参加者に驚きと感動をもって迎え入れられた。

この読みを出されたのはセミナーの講師陣のお一人である小畑公志郎さん（元兵庫県宝塚市の小学校長）であった。

私は、小畑さんの口からそのイメージが飛び出したとき、「あー」と感嘆し、そして「やっぱり」とつぶやいたのだった。それは、授業の最後に雄一郎が出しているように、第一連も第四連も「げんげのあぜみち、春がすみ」となっているのだから、この詩の世界は、最初から最後まで「春がすみ」に包まれていると読んでしかるべきだと感じていたからである。

私は、「春がすみ」は二人の隔たりだというように述べ、その隔たりを子どもたちも感じていたと述べた。小畑さんの「あの子はいない」というイメージは、その「隔たり」の最たるものである。私が深くうなずいたのはそう感じたからだった。

小畑さんのようにイメージすれば、「春がすみ」こそ幻覚を成り立たせる装置だったと考えることができる。「わたし」が、春がすみを通して、そのような幻覚を浮かべていたと読むことは、関係が壊れている大切な人との「なかなおり」を切望する「わたし」の思いが、実際に「あの子」がいると読むよりも深く切なく感じられてくる。文学・詩は、表面に描かれている状況の奥のみえないところで、作者・詩人の祈りや願いがしっとりと息づいているものこそが読者の心を打つことを思うと、このような読みが生まれるこの詩の芸術性を感じないではいられなかった。それにしても、幻覚として読み描いてはいないけれど、その「かすみ」の存在に真っ先に気づいた康彦の感覚の鋭さには感じ入る。

ただし、ここではっきり述べておきたいのは、仮に教師が「あの子は実際にはいない」と読んでいたとしても、四年生の子どもたちもそのように読まなければいけないということは決してないということである。子どもは、自らの感覚を発揮して自分自身の読みをすればよいからである。もちろん、表現されている言葉にしっかり出会い、仲間と互いの読みをたっぷり聴き合うことをしたうえでのことではあるけれど。そのことについては、岩本さんの授業は十分過ぎるほどできていた。授業映像を視聴したセミナー参加者は、自らの感覚をいっぱいに開き読み味わう岩本学級の子どもたちの姿に感動したのだから。

では、子どもの読みと向き合う私たちにとって大切なのはどういうことだろうか。それは、教師の読みに引っ張ることではなく、子ども一人ひとりの言葉への触れ方を深くすることであり、そのうえで生まれた子どもの「読み描き」をできる限り受けとり、その「読み描き」が、さまざまな「つながり」のもとで深まっていくようにすることなのだと思う。そうすることによって、前述した「あの子はいない」というイメージが生まれてきたとしたら、それは自分たちが生み出したものとして感動的に受けとめられていくだろう。

それには、授業者としてしなければならないのは、子どもの読みを〝知りたい〟と切望することなのだと思う。子どもの読みが〝みえる〟とは、その切望さが生み出すものだからである。〝みえ〟なければ、子どもの読みの深まりを支え、育てることはできない。〝知りたい〟という目の向け方がいかに大切か、そのことを改めて噛みしめたいと思う。

私は、この授業における子どもたちの読みは、詩の味わいとしても、仲間との学び合いとしても秀逸であったと断言する。もしかすると、これほどまでの授業に出会ったのは初めてだったかもしれない。それは、「あの子はいない」と読むにしても、最後に静香が語ったように、「あの子と二人で歩いている」と読むにしても、どちらであっても、触れなければならない言葉すべてに、心通わせる味わいでもって触れてきていたからである。

「春がすみ」があの子を見えなくしていると気づいた康彦。

「わらい」を持ち出した綾乃。

「なかなおりがしたい」「ひばりがないている」とだけ書いた健人。

この子たちは、この詩が内包する奥深さに通ずる「扉」に確実に手をかけていた。

「扉」に手をかけていたと言えば、そもそも「なんで（あの子が）ここにいるんか？」と疑問を呈した和明もそうだったのだ。「わたし」がこんな心境になっているときに「あの子」がいる。偶然にしては出来すぎている。だから彼は違和感を抱いたのだ。和明にそういう自覚はないのだけれど、それは現実と幻覚の狭間へのかすかな気づきだったのではないだろうか。というのは、もしこのとき、彼の疑問を受けた子どもから「夢でも見たんやろか？」などという言葉が出てきたらどうなっていただろうか。そう考えると、彼は、確実にこの詩の奥深さへの「扉」に手をかけていたのだと言える。

そういう気づきに内包されているものを子どもが言語化できるかどうか、それは、そのときの状況でさまざまだろう。だから、詮索することよりも、言語化させることよりも、だれに誘導されることもなく、だれから教えられることもなく、自ら「扉」に手をかけ、精いっぱいのイメージを描く、そのことこそが詩を読む深まりだと私は思っている。私たち教師は、そのようにできる授業をしなければならない。そして、そこで生まれた子どもたちのありのままを心から受けとめなければならない。

詩は分かるものではない。もちろん、解釈を一つに絞るなどもってのほかである。どこまでも、言葉に触れ、読み描き、感じとり、その詩の奥深さに通じる「扉」にごく自然に手をかける、それが詩を読むクオリティなのだ。そして、もし子どもたちが、何年か後にこの詩を読むことがあったら、また違った読みをするかもしれない。読む者、読む時期、それぞれに応じて違った感慨をもたらす、それこそが優れた詩なのではないだろうか。そしてその感慨は、読者が見つけ出すとか、探し出すとかいうものではなく、純粋に、詩にちりばめられた言葉から、描き、感じるようにすれば、詩の方からやってくるものだと言えるかもしれない。

それにしても、岩本学級の子どもたちに、これだけの深さやクオリティが生まれた要因はどこにあるのだろうか。最後に、そのことについて改めて考えてみることにする。

一つは、岩本さんが、「教える」ということを微塵も考えず、子どもの読みを尊重したことにある。それは、子どもたちの側からすれば、先生が、自分たちが気づき想像することを信頼して受けとめてくれる、喜んでくれる、ということを表している。そして、自分たちが出せば、それがとても味わい深いものに仕立て上げられて返ってくるということになる。それは子どもたちにとって大変な喜びなのにちがいない。

二つ目は、テキストにした詩の選択がよかったということである。この詩は、子どもたちの感覚とか心情とかと深いところでつながっていて、それでいて詩人自身の感慨が表現されている、そういう優れたものだったのだと思う。それは、人との出会いにおいても同じである。誰と出会ったかで、人生が大きく変わるということはだれにおいても起こり得ることである。学びとの「出会い」をつくるのは教師である。教師の責任は重い。

三つ目は、詩との出会い方の良さである。それは、記録を読んでいただければ分かっていただけることである。どれだけの音読をしているか思い返していただきたい。そうすれば、回数が多いということだけではなく、どのように音読させたかというその一つひとつにあれだけの味わいを生み出した要因があるということに気づいていただけるだろう。もちろん、音読だけではなく、書き込みとグループでの聴き合いも大切な要因である。つまり、それは、詩に触れ、触れて生まれた気づきやイメージの質を上げるために大きく作用したのである。

そして、四つ目は、この授業で生まれた詩の味わいは、どのような感受性の鋭い子どもでも、一人では成し得なかったということである。つまり、仲間との学び合いであったから、だれもがその味わいに浸れたのである。心打たれる子どもたちの「読み味わい」が、どのようにして生まれているか、記録に目を通していただければ、子どもの気づきやイメージがどのように連鎖し、どう受けとられ、どのような深まりをつくっていたか、たくさんのことを発見していただけるだろうと思う。

そして、最後の五つ目、これが最も大切だったと思うのだが、この授業は、教師である岩本さんの〝いつくしみのまなざし〟があってこそ、生まれたものだったということである。

ここまでに掲げた一から四までがどれだけ実践されようと、教師のこの〝まなざし〟がなければ、決してこのような授業は生まれないと思うからである。教育は、人が人を対象として行う、極めて人間的な営みであることを考えれば、それは当然のことである。

再度登場することになるが、「かすみで、あの子のことが見えなくて、…それで、一瞬、かすみが薄くなって、それで、あの子がいるって分かった」と述べた康彦。

「三の場面で、あの子とわたしがわらっていたから、それで仲直りした」と発言し、「わらい」に対する読みのきっかけをつくった綾乃。

授業の終わりがけに「なかなおりしたい」「ひばりがないている」とプリントに書いた健人。

そして、「最初は、一人で歩いているけど、最後は、二人で歩いてる」と、最後の最後に自ら挙手して語った静香。

これらの子どもは、みんな輝いていた。

岩本さんにうかがうと、この四人は、いわゆる目立つ子どもではないそうである。どちらかと言うと、あまり語ろうとはしない、みんなの言うことを聴いていることの多い控え目な子どもなのだそうである。

そういう子どもが、この詩の核心をつくことに気づきそれを語ったのだ。それがこの授業なのである。この授業に、学んでいない子どもはいなかった。自分を抑えて苦しい思いをしている子どもはいなかった。どの子どもも、自分の気づきを語り、仲間の言葉に耳を澄まし、仲間の読みと自らの読みを擦り合わせ、テキストの詩の言葉に触れ、その言葉から新たな気づきやイメージを引き出し詩を味わっていた。それは、子どもたちにとって、時の経つのも忘れるほど魅力にあふれた時間だったにちがいない。

この原稿の執筆途中、まだ粗書きのものを岩本さんに読んでもらった。すると、彼女からメールが送られてきた。そこに書かれていたことを読んで、「やはりそうだったのだ、だから、子どもたちがこんなにも輝いたのだ」と納得した。

——私には子どもを惹きつける魅力も才能もありません。長年、学ぶ会（東海国語教育を学ぶ会）で教えていただいた『ひとりぼっちをつくらない』を心がけているだけです。私の特技と言えば、「この子たちと居たい」と思えることです。——

授業は、方法だけではつくれない。

学びは、人間的なつながりによって生まれる。

「なかなおり」の子どもたちは、岩本さんが担任してわずか一か月半でこの学びを実現させた。特別な訓練を受けたわけではない。普通の小学校の普通の教室の子どもたちである。それは、どの学級でも、どの子どもたちでも、そしてどの教師でも、生み出せる可能性のあることを示していると言える。要は、私たち教師が、子どもたちの学びの深まりと育ちをどれだけの思いの深さで目指せるか、これだけの読みを生み出す子どもたちを尊敬できるかにかかっているのだ。

第2章　〝みえる教師〟になるということ
――小学校二年・算数の授業をもとに

授業をする教師にとって最も重要な専門性は、〝みえる〟ということである。視覚的なことだけを言っているのではない。授業者として必要なさまざまの事実をとらえることができる、そういう状態をこのように表しているのだ。

授業者にとって、〝みえる〟か〝みえない〟かは、決定的な差となる。

1　〝みえる〟ことの大切さ

第1章でご覧いただいた「なかなおり」の授業に対して、小畑公志郎さんが示された「あの子はいない」というイメージは、まさに、学習材である詩が〝みえる〟ことの大切さをセミナーの参加者に示すこととなった。もちろん、第1章で述べたように、教師の解釈を教えるのが授業ではないけれど、教師に豊かなイメージがあるかどうかは、子どもの読みをどれだけの深さで受けとめることができるかにかかわることである。セミナーにおいて、小畑さんのイメージに触れた参加者の一人が、「どうしてそれがみえるのですか？」と、ため息交じりに吐露したのは、授業をよりよいものにしたいと願い実践する教師にとって〝みえる〟ということがどれほど切実なものであるかを表している。

ところで、私は、〝みえる〟ということにどのように出会ったのかだが、それを語り出したらきりがないほどのエピソードにあふれている。そうした昔話を聴いていただきたい思いもあるが、それよりも、最近目にした授業において、〝みえる〟ことがどれほど大切にされなければならないか考えていただくほうがよいと思うので、そのようにさせていただくことにする。ただ、私にとっての〝みえる〟は、斎藤喜博氏によってもたらされたということだけは述べておく。氏については、私と「学び合う学び」とのかかわりをふり返る本書第6章において記すので、そこで知っていただければと思う。

2　授業における三つの〝みえる〟

セミナーで小畑さんによって示されたのは、「学習材が〝みえる〟」ということだと述べたが、私がいつも述べている〝みえる〟とは、もちろんそれだけではない。授業で教師がとらえていなければならないものは、学習材についてだけではないからである。

授業において〝みえて〟いなければならないこと、それは、次の三つである。

①子どもが〝みえる〟
②学習材（題材、テキスト）が〝みえる〟
③子どもの学びが〝みえる〟

もちろん、この三つの〝みえる〟は、別々に現れてくることもあれば、複雑に関係しからみ合いながら現れることもある。教師は、そのときどきに、状況に応じて、それらの事実が〝みえる〟ように努めることによって子どもの学びを具現化し深めていくことになる。授業をつくるという営みは、そういうものだと言える。

ここに、その三つの〝みえる〟が教師によって具現化された授業がある。小学校二年生、算数「かけ算」の授業。授業者は、山村ゆかりさん（三重県四日市市立中央小学校、授業は四日市市立浜田小学校において）である。

(1) 学習材が〝みえる〟

この題材は「かけ算」である。かけ算の学びは九九を使いこなせるようになるための学習だと考えないほうがよい。そう考えると、とにかく九九を覚えさせ、それをあてはめて計算させるだけに終始してしまう。それでは、「かける」ということの本質が身につかない。

「かける」ということは、なんらかの「まとまり」が「いくつ分」なのかととらえられなければ理解できたとは言えない。九九は、その「まとまりのいくつ分」の計算において活用するに過ぎない。

そう考えると、「かけ算」の学びの深まりは、九九を使いこなすことよりも、どういう「まとまり」がどこに、どれだけあるかを見極めて思考するところにある。

山村さんは、この授業に際して、二つの課題を準備していた。一つは、「チョコレートが、はこの中に、4こずつ 5れつにはいっています。3こ食べると、のこりはなんこですか。」という課題である。これは教科書レベルの「共有の課題」（第6章2節参照）である。

山村さんは、授業を始めると、いきなりその課題を板書した。すると、子どもたちも何も言わず取り組み始める。教室のあちらこちらでそっと話しているペアがある。すぐ取り組む、適宜自分たちの判断でペアになって考えてもよい。それはいつものこと、という感じだ。

そうして、およそ一〇分で全員が正解した。子どもたちが行った解き方は、「4×5－3＝17」と「4×4＋1＝17」の二種類だ。「共有の課題」は、次に取り組む「ジャンプの課題」で必要とすることが学べなければいけないのだが、それがきっちり行われている。それは、どういう「まとまり」が「いくつ分」かという数量の見方である。しかし、それだけではない。解き方を二つ出していることも次に取り組む「ジャンプの課題」の布石になっている。そのことはこの後、明らかになる。

「ジャンプの課題」が子どもたちに提示された。それは、次ページの図のような箱を子どもたちに見せることから始まった。箱に入っていたのは本物のクッキー。子どもたちの目が輝く。

「共有の課題」でかけ算で答えを求めたばかりの子どもたちは、ここでもすぐかけ算で考え始める。なかには、箱を見ただけで「3×5」と言っている子どももいる。山村さんは、それらの子どもの声を、「そんな簡単な問題出すわけないやろ」などと受け流しながら、クッキーの箱がどの子どもにもよく見えるように、書画カメラでモニターの画面に映し出す。

すると、一人の子どもがつぶやいた、「あっ、重なってる！」と。厚底の箱にびっしり並べられているクッキー。それがモニターに拡大して映され、それを見て気づいたのだ。何枚か積み重なっているらしいと。

その子どもの気づきを待っていたかのように、山村さんは一つの区画のクッキーを1枚1枚取って見せる。数える子どもたち、「あっ、３枚や」「えーっ、４枚！」と。このような重なりは「共有の課題」にはなかったことである。それは、今度の課題は複雑な思考を要することになりそれだけハードルが高くなると子どもたちに知らせることになるのだけれど、なんだか子どもたちの表情はうきうきしている。

ところが、複雑さはこれで終わりではなかった。山村さんは話す、「あんまりおいしそうやったから、先生、ここ（クッキーがなくなっている1区画に手をやって）全部食べてしまったん」と。子どもたちは「ふうん！」という表情をしている。そして、子どもが尋ねる。「それで、後は食べてえへんのやろ」と。

そんな子どもの声に、なんだかすまなさそうに山村さんが答える。「それがさ、我慢できやんだでさ、この列（全部食べた区画のある列）、いちばん上だけ1枚ずつ食べたんさ」、そう言って、その列の残り四つの区画のクッキーがすべて3枚重なりであることを1枚1枚取ることによって明らかにする。

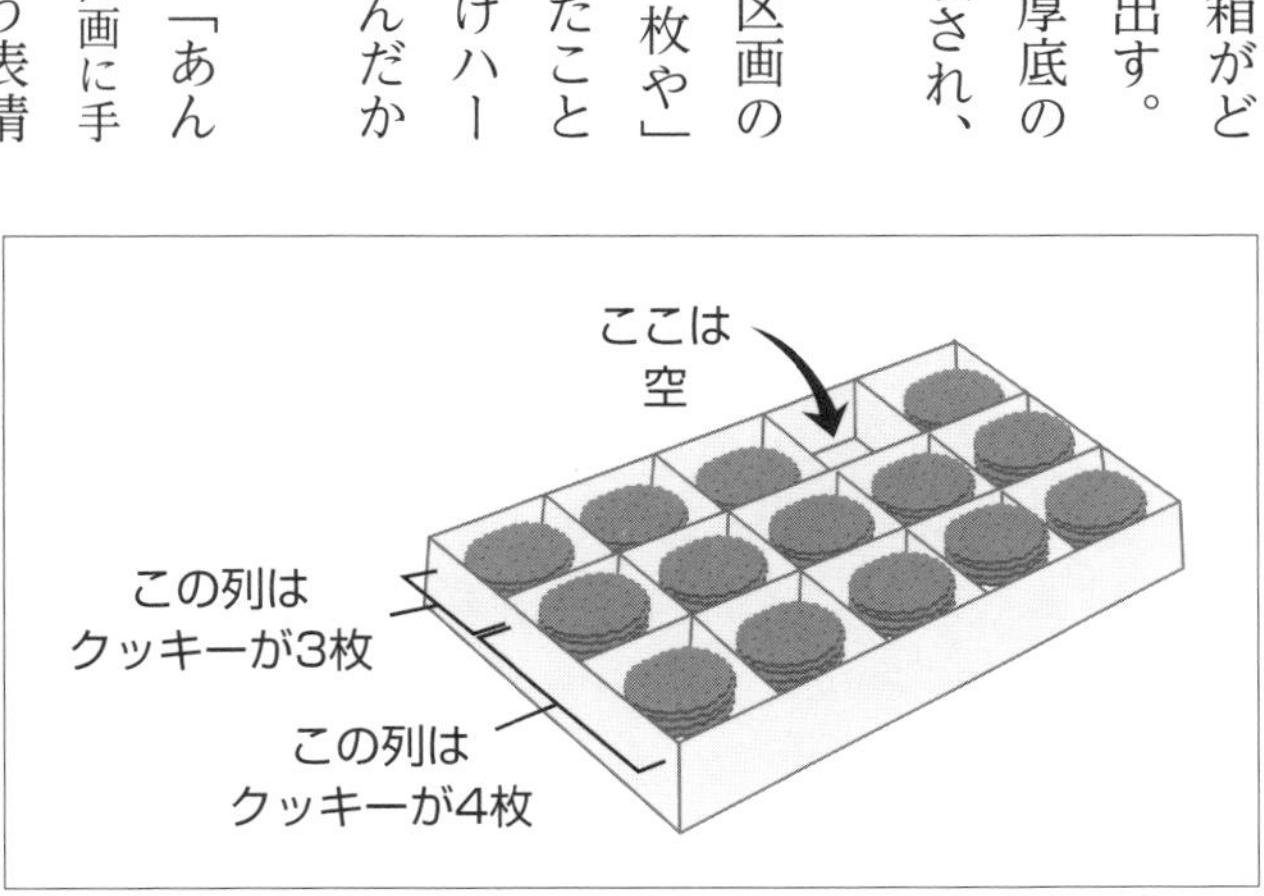
ここは
空
この列は
クッキーが3枚
この列は
クッキーが4枚

「後は、全く手をつけてません」、山村さんがそう子どもたちに告げる。子どもたちは、この言葉によって、先生の課題提示が終了したことを知る。愉快だったのは、そのとき発せられた「それで、先生、問題文は？」という子どもの声に、「あっ、問題文！」と、いかにも忘れていたとばかりに山村さんがあわてて黒板に向かったことだった。教室中が和やかな笑いに包まれ、何人かの子どもは、先生が黒板に文字を書く前に、「クッキーは、いくつありますか？」などと言っている。問題文を子どもから言い出すなどめったにない光景である。

見事な課題提示だと思った。実物を使って、子どもたちの反応に応じて、少しずつ少しずつ明らかにしていったことで、課題がどういうものなのか、はっきりと子どもに伝わっていったからである。もしかすると、問題文を子どもに言われるまで板書しなかったのは演技だったのかもしれない。でも、そうかどうかはどうでもよい。大切なのは、実物を見せながら、先生と子どものやりとりによって授業の場で課題を作り上げたような雰囲気が生まれたことである。はっきり言えるのは、子どもたちの取り組みへの意欲が、この提示によって確実に高まったことである。双方向性ほどよいものはない。

ところで、この課題の算数・数学的意味（以下、数学的意味）についてここで確認しておきたい。

まず、はっきりしているのは、「かけ算」の学びでありながら、かけ算だけでは解答に行き着くことができない課題だということである。それに、中心的な学習事項であるかけ算も一回だけではなく複数回必要になる。解答に至る過程で足したり、引いたりするかけ算以外の計算もしなければならない、そのかけ算も一回ではない。算数を苦手にしている子どもにとってこれは大きなハードルになる。

さらにもう一つ、数学の学びとして非常に重要な手が打たれている。それは「共有の課題」において布石を打っていたことだが、解き方を一つに限定せず、複数の解法になることをよしとしていることである。このように求めればよいと一つのやり方を教えられる学びだと、そのパターンに則って習熟していくことだけになりやすいのだが、山村さんはそのようにはしない。どこまでも子どもの思考に基づいて取り組ませるので、やり方がいくつも出てくる。それは、同じやり方を繰り返すことで習熟させようとする学習とは異なり、子どもが探究する学びになることを意味している。

先回りになるが、この授業で、子どもから出てきた解法は下の三つであった。

① 4×5×2＋3×4
② 4×5×3－8
③ 7×4＋4×6

山村さんと子どもたちは、三つの解き方それぞれに名称をつけている。①は、二つのまとまり毎にかけ算をしているので、「まとまり」、②は、食べてしまう前の全体数を出して、そこから食べた数を引いているので、「全体引く部分」、③は、計算しやすくするためクッキーの場所を動かしているので、「移動方式」。

このようにいろいろな解き方をすることは、今後の算数・数学の学びにおいて、多様な着想を可能とすることにつながる。学びは、一つのパターンに当てはめて機械的に解いていくのではなく、課題に対するそれぞれの気づきに基づいて発見的に解いていくことの方が望ましい。そういう思考の仕方こそ、今後向き合うことになる難解な算数・数学の課題に対する対応力を育てていくと思えるからである。

山村さんが子どもたちに提示した課題には、これだけの数学的意味がある。それでいて、子どもたちの様子を見ていると、このレベルの高い課題に挑むことが楽しくて仕方がないという表情をしている。それは、課題の出し方がよいからだろう。

山村さんの課題提示、そして、それを受けての子どもたちの取り組みを見ていて感じるのは、山村さんは学習材が〝みえている〟ということである。「かけ算」という題材で欠くことのできない数学的意味とはどういうものか、数学的に思考するとはどのように取り組むことか、そして、その課題に挑む際に生まれやすい困難点はどこにあるのか、そういったことが〝みえている〟、だから、これほどのレベルの課題に、すべての子どもが夢中になれるのだ。

(2) 子どもの〝分からなさ〟に存在する学びが〝みえる〟

課題提示が終わると、子どもたちはすっと取り組み始めた。一〇〇人に達するほどの参観者に囲まれているにもかかわらず、子どもたちの視線はノートに集中している。静寂さが教室を包む。しばらくすると、教室のあちこちで、隣同士で考え合うペア学習が始まる。

後で分かったことだが、それぞれのペアにおいて、必ずしも二人が同じ解き方をしていたのではなかった。それは、よくよく考えてみれば驚くべきことである。分からないことがあったり、それまでに進めていた考え方がそれでよいのかどうか確かめたかったりするとき、その状態に応じてくれる相手が別の解き方をしているということになるからである。

相談をかけられた子どもは、きっと、自分のしていることを一旦置いてかけられた相談に応じていたにちがいない。もちろん、自分も解き方に迷っていることもあるわけで、その場合、相談をかけられることによって二人とも同じ考え方で方向が定まるということもあっただろう。しかし、そうではなく、相手の相談にしっかり応じたにもかかわらず、その後再び、それまでに行っていた元の考え方に戻るということもあるわけである。それは、同時に複数の解き方を頭のなかに浮かべなければならないことを示している。

そんなことができるのだろうか、と思ったとき、最近参観した中学校の英語の授業での出来事を思い出した。それは、ある絵本の一場面に、英文をつけるという課題に取り組む授業であった。私は、六つあるグループの一つに密着して、子どもたちの対話に耳を澄ましていた。

子どもたちは、一人ひとり文章を作っていた。そのうち、一人の女子が隣の男子に語りかけた。「～って、どうやって書くの?」と。語りかけられた男子は、グループの別の二人に、「どう思う?」と声をかけた。すると、声をかけた男子の前に座っている女子が、「～じゃない」と、自分の考えを述べる。すると、最初に質問した女子が「それやったら、『by』かぁ?」とつぶやく。そして、その「by」を使った英文を口にする。すると、他の三人が「そうそう」とうなずいている。

これは、何でもないグループにおける一場面である。しかし、こういうかかわりは簡単にできることではない。自らも英文を作りながら、それとは異なる他者の相談に応じているのだから。果たして子どもたちはそれぞれの文章がつくれているのだろうか。

その心配は杞憂だった。最初に質問した女子が文章化できていたのはもちろんのこと、他の三人も、それぞれ別々に自らの文章を完成させていたからである。

子どもは、それぞれの思考を続けながら、それとは異なる他者の考えに寄り添うことができるのだ。それこそが「学び合う学び」の本来の姿なのだ。「学び合う」とは、何人かで一つのものをつくるということもあるけれど、たとえそうであっても、そこにそれぞれの考え方が反映されなかったらすべての子どもの学びにはならない。大切なのは一人ひとりそれぞれの学びを深めることなのだから。そういう意味では、この英語の授業のような「学び合い方」を大切にしなければならない。

話を二年生の「かけ算」の学びに戻そう。一人ひとりが課題に向き合ってそれぞれの取り組みをしているとき、英語の授業で生まれているような仲間の学びに寄り添う「学び合い」は可能なのである。もっとはっきり言えば、グループやペアで一つの考えにすることよりも、「それぞれの学び」を深めるための「学び合い、支え合い」こそ「協同的学び」の本質だと言える。そうでなければすべての子どもの探究にならないからである。その学び方が小学校二年生の教室で成立している。

山村さんの学級の子どもたちは、実にやわらかく学び合っている。ほんとに微笑ましい。けれども、どの子どもにも学びに向き合う真剣さが感じられる。学び合うことも一人ひとりに真剣さがあるのも、課題がよいからそうなるのだが、こういう状態になったとき必ず生まれるものがある。それは「分からなさ」である。

私は、「分からなさ」や「間違い」の傍らには「学びのツボ」があるという言い方で、「分からないこと」「間違うこと」は、大切にしなければならないと言っている。

一般に、授業において教師は、早く分かること、できることを子どもに求める。すぐ説明してしまうなど教え過ぎになるのも、子どもに取り組ませた後、すぐ「できた人」と手を挙げさせたり、できている考えを発表させたりしてしまうのも、そういう教師の体質を表している。それは、「分からなさ」や「間違い」の傍らに「学びのツボ」があると考えていないからである。「分からなさ」や「間違い」を取り上げ、その中身を解きほぐしていくことによって、子ども自身によって学びを生み出すことができると思っていないからである。それが分かっている教師は、「分からなさ」や「間違い」を「宝物」のように大切に扱う。

山村さんはそういう対応のできる教師である。

子どもたちの取り組みが一〇分を経過したところで、机の間をゆっくりと回りながら観察し続けていた山村さんが口を開いた。

「ちょっといいですか。……ここに、めっちゃ困っている人がいるんだけど、みんなで考えてくれるかな？」

子どもたちが一斉に顔を上げる。

山村さんに促されて、裕太が口を開く。

「かけるか、足すか、分からん！」と。

一体、裕太は、どこのことを言っているのか、誰もがそう思ったこともあり、山村さんは、裕太に書画カメラのところに行って、ノートを映して説明するように指示する。

映し出された裕太のノートに書かれていたのは、下のような計算式だった。

２
４×５●３×４

この計算式の●の部分は、実際には●ではなく、「＋」と「×」が重なるように書かれていて、彼はその部分を指示棒で指して、再び、「かけるか足すか分からん！」と言ったのである。

ここで考えなければいけないのは、山村さんはなぜ、裕太の「分からなさ」から、ペア学習後の学びを始めたかということである。「分かった人」「できた人」と言って正解を出させる対応は論外である。そうではなく、山村さんは「分からなさ」を取り上げた。しかし、最初に取り上げた「分からなさ」がなぜ裕太のものだったのか、そこが大切なところだ。

この授業の単元は「かけ算」である。ということは、この授業まで子どもたちは「かける」という学びをしてきたのである。裕太が「4×5」も「3×4」も計算しようとしているということは、二つの「まとまり」に分けて、それぞれのクッキーの数をかけ算で求めているということを表している。そこまでできた裕太は、そのまとまり毎のクッキーの数を合わせれば箱の中のクッキーの数になると考えたに違いない。だから、「＋」という考えをもったのである。

そのとき、裕太の心のなかに、これまでずっとかけ算をしてきたということが浮かび上がったのではないだろうか。「今、やっているのはかけ算や。それやのに、たし算をしてもええんやろか」と。それが、「かけるか足すか分からん！」という「分からなさ」の正体なのではないだろうか。山村さんは、この日の学習を始めるに当たり、「かけ算の学習をしてきたけれど、今日の課題は、かけ算だけでは求められません」などと一切言っていない。それは子どもが気づかなければならないこと、そう考えていたからだろう。

裕太の「分からなさ」は、まさにそのことどんぴしゃりなのである。だから、ほかのことで「分からなさ」を抱いている子どもがいたとしても、まずは裕太のこのことから始めなければならなかったのである。そうすれば、このことが子どもたち全員のこれからの取り組みの「足場」になるからである。

さらに、もう一つ、裕太のやっていることから学ぶべきことが存在していた。それは「4×5」の上に書かれている「2」という数字についてである。この「2」は、どういう意味なのか、そのことに目ざとく気づいた子どもがいた。その子どもは「4×5」で計算するクッキーの列が2列あるということを表していると言い、実物のクッキーを指し示して説明した。裕太の「2」の表し方は、数学的ではなく実にユニークなものだった。そんな友だちの表し方の意味を即座に理解し説明する子どもの類推力は素晴らしい。この気づきは、この後、このように「2」を上に書くのではなく「4×5×2」と、かけ算を二つつなげるように表すほうがよいのだと、学級全員で理解できていったのだった。

このように演算をいくつかつなげる書き表し方は、この日が初めてではなかったかもしれない。しかし、計算としてはやっていたとしても、このような文章題に対したとき、さっとそのようにできるかというと機転の利かない子どももいる。それだけに、この段階で、裕太のユニークな表し方をもとに理解できれば、これからの学びが確かなものになる。だから、山村さんは裕太の「分からなさ」から始めたのだ。

何も子どもの「分からなさ」をもとにしなくても、教師が教えれば済むことではないか、そういう考え方もあるだろう。そのような授業と、子どもの気づきと学び合いによって、学級全員で学び取っていくこの授業とを、子どもの身になって比べてもらいたい。どちらの方が、すべての子どもの学びになるか、学びの深まりが生まれるか。

山村さんは、そういうことが分かっていたにちがいない。しかし、このような授業ができたのは、学習材が〝みえ〟、子どもの学びが〝みえ〟ていたからである。なんでもないように、「めっちゃ困っている人がいるんだけど」と言って裕太の「分からなさ」を学びの俎上に載せたけれど、その裏でこれだけのことが〝みえ〟ていたという事実を私たちは噛みしめなければならない。

そのうえで、さらにもう一つ、言い添えておきたいことがある。これは裕太がそうだということを言うわけではない。一般的なことだが、「分からなさ」を抱いている子どもには、過度のコンプレックスのある子ども、自分に自信をもてないでいる子どもがいるということである。そういう子どもへの心遣いを忘れてはならない。

子どもにとって「分からなさ」を表出するということは当たり前の普通のことではない。社会には、「早く分かること」は優秀なこと、「分からないこと」は劣っていることという価値観がある。子どもたちは、そういう価値観のなかで暮らしている。そういう状況をそのままにして、「分からないことがあったら言うんだよ」と促しても、そうそう簡単には出せないのだ。

その状況を改善するために必要なのは、「分からないこと」「できないこと」に粘り強く取り組むことが尊重されることとであり、その「分からなさ」に寄り添ってともに考えるケアリングの心を抱けるようにすることである。それをいち早く実践しなければならないのは教師である。教師に、「子どもの心を推し量る〝まなざし〟」があるかどうか、そして、そういった「分からなさ」から大きな学びを引き出すことができるかどうかが決定的に大切なのである。それには、「子どもが〝みえて〟いる」ことがなんとしても必要なのだ。しかも子ども全般的な見方ではなく、一人ひとりに応じてである。そうでなければ、「分からなさ」を抱える子どもを見つけられないし、見つけることができたとしても、そういう子どもの気持ちを推し量ることができないし、「分からなさ」を契機に学びを引き出すこともできない。もちろん子どものコンプレックスを癒したり、解放したりすることはできないこととなる。

ここで生まれたことは授業におけるたった一つの場面における小さな出来事である。しかし、そこには、教師のいくつもの〝みえる〟が存在していて、その〝みえる〟が相互に響き合い、つながり合って、学びの深まり、子どもの育ちを具現化していっている。教師の〝みえる〟感受性と判断力、洞察力がなければ、授業は授業にならない、そう考えなければならない。

(3) 〝分からなさ〟で戸惑う子どもの気持ちが〝みえる〟

裕太の考え方は、37ページに掲げた解き方①に当たるものだった。山村さんの授業では、この後、②の解き方も③の解き方も子どもの方から出された。①の解き方が子どもにとっていちばん分かりやすいものだということからすると、②や③になれば、分からなくなる子どもが出ることは予想できた。だから、山村さんは、すべての子どもの状況に目を配りながら、どのようにしてよいか分からないで戸惑っている子どもへの対策を立てていたようである。

一人の子どもが②の考えを出してきた。もちろん書画カメラでノートを映し出したり、山村さんが課題提示で使用した実際のクッキーを使ったりして説明した。

その考えをペアになって確かめ合った直後だった。山村さんが、結花という子どもに、「どう？」と声をかけた。すると、その子どもがこう答えたのだ。

「お隣さんと話していたんだけど、……なんか……よく分かんない」

山村さんの目には、ペアで話してはいるのだけれど、どうにも理解できないでいる結花の困惑する表情が映っていたにちがいない。「この子の分からなさを放置して進めることはできない」、山村さんはそう判断した。だから、何人もの子どもが「分かった！」と言って挙手しているにもかかわらず、「分からない」と言うことが予想される結花に水を向けたのだ。

すべての子どもの学びの実現には、教師のこういう心配りがなければならない。その心配りを可能にしているのは、教師の子どもたちを見る〝まなざし〟なのだ。

ここから、結花の「分からなさ」に対する子どもたちの対応が始まるのだが、それは、たくさんの教室を参観している私でも見たことのないほどの、心温まる、それでいて実に丁寧に学びの深まりをつくり出す光景だった。

一人の子どもが書画カメラのところに出て行った。そして、「4×5×3－8」という解法にしたわけを、ノートに描いた図をもとに説明した。そして、その説明の最後に言ったのは、「結花ちゃん、分かった？」だった。彼女は、結花に向かって説明したのだ。そして、その説明に学級中の子どもたちが耳を澄まし、結花の表情もうかがっていたのだった。

「分かった？」と問われた結花だが、彼女は、少し申し訳なさそうに、けれども、はっきりとした声で「ちょっと（説明が）速すぎて分かんなかった」と答えたのだった。

すると、今度は、男の子が前に出た。そして、その子なりの説明をした。その子も最後に言った「結花ちゃん、どう？」と。

結花は手を口元に当てながら考え込んでいる。周りの子どもが声をかける。「結花ちゃん、分かった？」と。それに対して彼女は言葉が出ない。隣のペアの子どもが心配そうにのぞき込む。思案する結花。だれかが「分かんない？」と温かく尋ねた。そのとき、彼女は小さくうなずいた。それを見た山村さんが、「まだちょっと分からないみたいだから、もう一人……」と言いかけた。すると、子どものほうから、「朋香ちゃんの方が、説明、分かりやすいよ」という声が飛ぶ。その声を受け、山村さんが朋香を指名する。

このとき、授業を参観する私が感じたのは、確実に子どもたちの意識がつながっているということだった。結花の「分からなさ」に向き合っているだけではない、結花に向き合うために自分たちがどうすればよいか、それを自分だけではなく、学級のみんなでという意識になっている。だから、「朋香ちゃんの方が、分かりやすいよ」という声が飛ぶのだ。そこに、子どもたちのつながり、学びのつながりが象徴されている、そう思ったのだった。

前に出た朋香は、それまでの二人と同じように、「4×5×3」にしたわけを説明する。そして、「－8」の説明に移るとき、少し考え込んだ。どのように説明しようかと考えたのだろう。後から分かったことだが、結花が分からなかったのは、まさにその「－8」だったのだ。

この解き方は、最初にもともとあったクッキーの数をまず出して、その後、食べた数を引くというものである。しかし、「8」という数は、課題提示においても、問題文にも登場しなかった。「いったい『8』って何なんだろう」、それが結花の「分からなさ」だったのだろう。そこの説明に入るとき、朋香が説明に迷い考え込んだ。あたかも結花の状況がみえていたかのように。

朋香が説明を再開する。

「ここ（4枚すべてなくなっている1区画）、みんな食べたんでしょ。そして、ここと、ここと、ここは上一枚ずつ食べたんでしょう。だから、ここで4枚食べたから、（4に）1足して5、5に1足して6、6に1足して7、7に1足して8。だから、『－8』。結花ちゃん、分かった？」

その瞬間だった。結花がにっこり微笑んだのだ。そして、「分かった！」と告げるように首を縦に振ったのだ、なんともうれしそうに。

山村さんが問う。「分かった！　『8』って何のことだった？」と。結花は少し考える。そして、周りの友だちといっしょに「食べた数」と答えたのだった。

前節で、私は、「分からなさ」に寄り添ってともに考えるケアリングの心が大切だと述べた。結花に対するこの場面は、まさにそういう場面である。特筆すべきは、分からない結花に寄り添っているのは、教師である山村さんだけではなく、子どもたちみんなだということである。

結花が分からずにいたのは「－8」だった。そして、それこそ、この解き方のポイントだった。まさに「分からなさの傍らに学びのツボあり」である。そういうことからすると、結花に分かってもらおうと、三人もの子どもが前に出て説明したことは、その学びのツボを学び直すこととなったわけで、この状況を見守り続けたすべての子どもの学びを確かなものにしたにちがいない。

「分からなさ」に挑むということ、そして友だちの「分からなさ」に寄り添えるということ、そして、それが分かっていく道筋を協同的にみつけるということ、それがどれほど大切なことであるか、山村さんのこの授業は、そのことを如実に示している。


ところで、授業の最後に「7×4＋4×6」という③の解き方が一人の子どもから出るのだが、それは、子どもたちにとって最も難解なものだった。さきほどの「8」という数字が、課題提示にも問題文にも出てこない数だったのと同じように、③の解き方に出てくる「7」も「6」も、どこにも出ていない数なのだ。おまけに、「6」は、クッキーが入っている区画を移動させる考え方をしなければ出てこないものなのだ。

だから、授業を見ている私の目から見て、半数以上の子どもが「分からない」という状態だったと思われたが、それはやむを得ないことだった。

授業時間の終了が迫るなか、一人の子どもが前に出て説明した。しかし、なんとも言えないけだるい空気が流れ、子どもから「むずい（難しい）！」という声が漏れ出た。

そして、最後に別の子どもが、実物のクッキーをもとに説明した。いちばん上だけ食べた列にあるクッキーの重なりは３枚、その下の列は食べてないから重なりは４枚、その３枚と４枚を足せば「７」、そう彼がそう説明した瞬間、「あーあ」という声が子どもから上がった。「７」の謎が解けたのだ。

さらに彼が説明を続ける。真ん中の列の全部食べてある区画の下の４枚（下図の●）を、いちばん下の列の左端に移動して、その列の区画がいくつあるかを一つひとつ数えていったらその数が「６」になり、それを受けて、その子が「４×６」と言った瞬間、教室中に、「分かったぁ～！」という声がこだましたのだった。

まさに、「分からなさ」は、学びの出発点であり、学ぶ意欲の原点であり、学ぶための「宝物」だった。この授業は、そのことを子どもたちにも、参観した一〇〇名にも及ぶ教師たちにも知らしめたのではないだろうか。

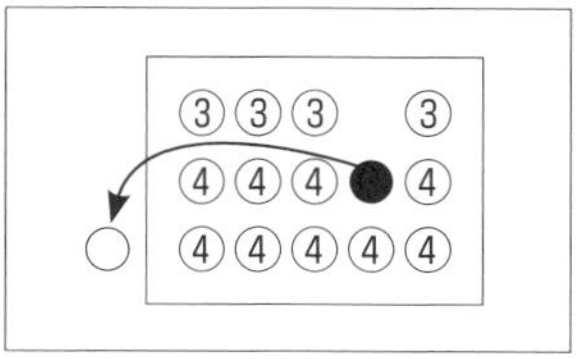

そういう授業を可能にしたのは、まぎれもなく山村さんだった。とは言っても、山村さんが獅子奮迅の活躍をしてそのようにしたというのではない。むしろ、表面で活動していたのは子どもたちだった。つまり、教師である山村さんはファシリテーターだったと言うことができる。子どもたちが、安心して、分からないことも、困ったことも、すべてを出して学び、これほどまでもの学びをつくり出したのは、何度も言うけれ

ど、山村さんが〝みえる〟教師だったからだと断言してよいのではないだろうか。

〝みえる〟教師になるということは、こういう授業を可能にするのである。

3　〝みえる〟教師になるには

本章の冒頭、小畑さんの詩に対するイメージに衝撃を受けた一人の教師が、「どうしてそれが〝みえる〟のですか?」とため息交じりに言ったということを記した。しかし、「どうして?」と問うよりも、もっと直截に「どのようにしたら〝みえる〟ようになるのですか?」と尋ねてくる教師の方が多いように思う。日々子どもに向き合う教師にとって、学習材や子どもの事実が〝みえる〟か〝みえない〟かは切実なことだからである。その気持ちは、私には痛いほどよく分かる。けれども、尋ねられたのが私だったとしても、答えられなかっただろう。それは、このようにすれば〝みえる〟ようになるという秘策はないからである。

しかし、〝みえる〟〝みえない〟は、先天的な才能による、というように考えてはならない。教師になったその日から、子どものことが〝みえる〟、学習材の奥行が〝みえる〟人などいないからである。教育という仕事、子どもに対する働きかけは、素質、才能だけでできることではないのである。

では、どうすれば、〝みえる〟という専門性を少しでもつけることができるのだろうか。それは、ひと言で言えば〝経験〟である。複雑で多様な事実に出会い、その事実と格闘し、子どもの学びと育ちに自らを賭ける〝経験〟を積むことである。

それは、職人の技能や芸術家の表現の熟達と似ているかもしれない。

子どもの学び、育ちにかかわる教師の仕事は、極めて人間的なものである。人間が人間に働きかけ、対象である子どものなかによりよいものを生み出そうとする営み、そこには、人間としての人格と能力が必要となる。

だから〝経験〟が必要なのだ。人間としての人格と能力は、自らの拙さと向き合い、それを克服する挑戦を継続する、そこで生まれる一つひとつの事実に対して謙虚で熱い思いを傾ける、そういうことでなければ身につかないからである。

第二三回「授業づくり・学校づくりセミナー」において、アメリカの哲学者、ドナルド・ショーンが提唱した「反省的実践家（reflective practitioner）」という専門家像を受けて、「私たちは〝反省的実践家〟になれているか」というディスカッションを行い、私も討論者として加わった。

辞書を引くと、「reflective」の訳語は「反省的」だけでなく「内省的」「思慮深い」と出ているが、ショーンの論が「行為の中の省察」として特徴づけられていることからすると、ショーンが述べる専門家像は、常に実践し、その実践におけるさまざまな行為に対して、常に、思慮深く、内省的に向き合う者というように考えられる。そのことが「行為の中の省察」ということなのだ。

私は、教師の専門性の深まりは〝経験〟によると述べた。〝経験〟とは、授業における行為、授業以外の場も含めた子どもへの対応、それらすべてにおいて、そこで行った事実について内省する営みである。私は、それを経験することによってこれまで歩んできたと思っている。

その内省において、常に俎上に載せていたのは、「私は〝みえているか〟」だった。〝みえる〟ということは、私の実践において常に中心に位置づいていたからである。私にとって、「行為の中の省察」は、授業への内省であり、それは、〝みえる〟自分を求める終わりのない歩みだったということができる。このように勝手につなげてしまったら、それはショーンに失礼なことかもしれない。しかし、私にとってはそれが真実なのだった。

最後に、前述のセミナーの閉会の挨拶で述べたことをここに記しておこうと思う。

授業に対して、〝みる〟とか〝みとる〟とかいうことがあるけれど、このセミナーではっきり分かったことは、それは、〝みる〟とか〝みとる〟とかいうことではなく〝みえる〟ということではないか、ということだった。

この二日間で私が感じたのは、意識的にみようとしても、みとろうとしても、自分には決してみえないものがある。それは、みようとしてみえるものではなく、向こうからやってくるものなのではないか。そういうことだった。みなければなどと思わなくても、心澄ませてみつめていれば、ほんとうのものは向こうからやってくる。それが、私が求め続けてきた〝みえる〟なのだ、と、そう思えたのだった。

果たしてそのように〝みえる〟ときは私に訪れるのだろうか。

訪れても訪れなくてもいい。私は、ただ、その日を楽しみに、〝知りたい〟という思いをもち続ける〝経験〟を積み重ねるだけだ。

第3章　〝聴ける教師〟の言葉が学びをつくる

言葉は〝人〟を表す。どのようなことを語っても、どのように言い方を変えても、〝私〟という人間から離れることはない。

言葉は、人と人とをつなぐ。しかし、人とのつながりを断つこともある。人を勇気づけることも、人との争いを生むこともある。

大切なのは、私がどういう言葉とともにあるかなのだ。

私は現在も教師である。退職して二〇年になるが、今もって学校を訪問し授業づくりにかかわっているのだから、そう言っていいだろう。それだけにいつも実感する。冒頭で述べたことは、私が教師として生きる軸になることだと。

教師の仕事は、言葉によって成り立っている。子どもたちは、教師の言葉を受けて考え、活動し、学んでいる。だから、授業のことに思いを巡らし、子どものことを深く考えるとき、私はいつも、自らの言葉の重みを噛みしめる。内省的に、あるいは未来志向的に。

本稿で記すことは、言葉の学術論でも専門的技術論でもない。教師としての体験から引き出した実践者としての言葉観である。子どもとのやりとりの経験から感じとった言葉のあるべき姿である。

1　話すことよりも聴くことが先

教師は、常に、どう話すかを意識している。どう発問すればよいか、どう説明すればよいか、子どもたちをどう諭せばよいかといったように。子どもを育て教え導くのが仕事なのだから、それは当然のことである。しかし、その職業意識が、総じて教師を多弁にする。しっかり理解させたいという熱意を抱けば抱くほど、あれもこれもとくどくなり、それを何度も繰り返すことになってしまう。

学ぶのは子どもである。子どもにどういう考えが生まれているか、どこに困難を感じているか、それを一人ひとりにおいてとらえなければ子どもの学びを深めることはできない。教えることに夢中になると、そういう当たり前のことに気がいかなくなる。そして、子どもの事実に目も耳も向かなくなる。

優れた教師は「聴き上手」である。子どもの考えを「待ち」「受けとめ」、そうして生まれた気づきから子どもの「探究」を引き出そうとしている。「主体的・対話的で深い学び」の実現に必要なのは、「弁舌巧みに話す教師」ではなく「子どもの言葉を聴ける教師」であり、それをもとに「子どもの学びを促進できる教師」なのだ。

饒舌さは教師の職業病かもしれない。言葉数を少なくし、子どもの言葉に耳を傾ける。その意識をもたない限り、子どもの学びを支えることはできない。どう話すかを急いではならないのだ。

２　子どもの側に立って話す

話すという行為は、聴く人とのつながりがあって成立する。当たり前のことである。にもかかわらず、聴く人の心に届いていないのではないかと感じることがある。私自身も含めての反省である。

授業における教師の言葉は、子どもに向けて発せられる。一般的に言って、教師と子どもの関係は教師の方が上位である。だから子どもには、教師の話し方の良しあしにかかわらず、しっかり聴くという態度が求められる。この関係性をなんとも思わない教師になってはならない。

学びに向き合う子どもたちに、何をどのように語りかけるか。その際大切なのは、聴く子どもの側に立つことである。教える側ではなく、学ぶ子どもの側に思いを馳せることである。しかしこれができそうでできない。授業に当たり、この時間の課題をどのように提示しようか、どのような問い方で始めようか、教師ならだれもが考える。そのとき、学級の子どもを思い浮かべなければならない。

ある教師が授業の前に、私のところに授業デザインを送ってきた。そこにこの時間の課題が掲げられていて、「課題の言葉を何度も何度も考え直しました」という付箋がつけられていた。それを見て私は思った、この課題の文では、子どもは考えにくいのではないかと。私は矢も楯もたまらず学校に電話をした。彼は迷っている。付箋はその迷いを私に伝えるＳＯＳだ。それなら伝えよう、子どもの側から考えればよいと。だから電話をしたのだ。結局、彼が授業で子どもたちに提示した課題は作り直したものになった。授業を参観し、出された課題に夢中になって取り組む子どもたちの姿をみたとき、私は安堵した。そしてよい課題は、どれだけ子どもの側に立って考察したかで決まるのだと確信するとともに、こういう経験で教師は教師として成長するのだと思った。

3　子どもの反応を受けとめる

教師が話す難しさは、聴き手が一人や二人ではないというところにある。学校の状況によって差はあるが、三〇人を超える教室も結構ある。その三〇人なら三〇人、二〇人なら二〇人が、一人ひとり異なる存在なのである。教師は、それだけの子どもを十把一からげにして一人ひとりに対する配慮のない言葉を発してはならない。学びは三〇人、二〇人で一つ生まれるのではなく、一人ひとり個別に生まれるのだから。それには、全員に向かって話すときでも、一人ひとりの顔に次々と目を移しながら一人ひとりに語りかけることだ。

もちろん、どのようにしたところで、三〇人もの子どもの別々の心の内を知ることはできないし、知ったとしても三〇通りの話ができるわけではない。しかし、子どもたちの戸惑いや考えを知ろうと心がけると、自分では思い至らなかった事実を知ることがある。

二年生の国語「お手紙」の授業のときだった。読み進めていく過程で、授業をしていた教師が、黙って考え込んでいる子どもに気がついた。お手紙がこないと嘆くがまくんに手紙を待つように促すかえるくん、その二人のやりとりを読んでいたときのことである。

その子の沈思黙考は続いていた。頃合いを見計らって教師が彼に言葉をかけた。「思っていること言って！」と。その途端、立ち上がった子どもは、つかつかと教室の前のほうに歩を進め、黒板に貼ってあった本文の一か所を指し示して、「これ、怒っちゃったのかなあ？」と言ったのである。そこに書かれていたのは、「ばからしいこと、言うなよ。」というがまくんの言葉だった。

かえるくんに対してきつい言い方をしたがまくん。でも、それは怒っているということではないのではないか、そんな思いがその子の頭のなかでぐるぐる回っていたのだ。素晴らしい気づきである。彼の言葉を受けて、子どもたちの目の色が変わった。かえるくんと交わす言葉の奥にあるがまくんの心持ちを探り始めたのだ。子どもの反応を見逃さなかった教師の目と耳が成し得たことである。

子どもたちは、学びを進めるなかで、さまざまな状況になる。それは、学習が分かっているのか分かっていないのか、ということだけではない。その子どもの内には多くの考えが生まれているのだ。それをどれだけとらえ生かすことができるかで、授業の深さが決まる。私は、教師は発信型になりがちだけれど、どれだけ受信できるかが大切なのだと考えている。〝聴ける〟教師の言葉が学びをつくるのだ。

４　子どもの気づきを待つ

〝聴ける〟教師は〝待てる〟教師である。待てない教師は、教えることを急ぐ。

学ぶ子どもには「旬」がある。まるで吸い取り紙にインクが染みこむように学べるときがあるかと思うと、どれだけ教師が言葉を尽くしても、少しも子どもの内に入っていかないときがある。時には、拒絶されているのではないかと思うほど、重苦しい雰囲気に陥るときがある。何がそうさせるのだろうか。

原因は一つではない。しかし、その原因の大半は教師にある。「旬」をつくれない、「旬」を見誤る、「旬」が待てない教師にある。

それは、小学校四年の国語の授業だった。教材は「山ねこ、おことわり」(あまんきみこ・作/光村図書・四年上)。授業者は山下哲夫さん(兵庫県西宮市立高木小学校)である。主人公はタクシー運転手の松井さん。ある日、若い男の人を乗せる。客の言うとおり車を走らせると、来たことのない「にじのような林」のなかに来てしまう。バックミラーを見た松井さんが見たのは、後部座席にすわるネクタイをしめた山ねこ。怖くなった松井さんは降りてもらおうとするが、「自分は医者で、母が病気になったのだ」と言う。松井さんは仕方なくその家まで送ることにする。やがて赤い屋根の家が見えてくる。そのいちばん奥の家の前で山ねこ先生の妹が手をふっている。「運転手さん。また病院に帰ります。しばらく待ってください」そう言って、山ねこ先生は家のなかに入っていく。やがて山ねこ先生が、「おかげで早く治りそうです」などと言いながら戻ってくる。こうして、山ねこ先生を乗せた松井さんの車は再び走り出す。私が参観したのはその辺りを読む授業だった。

授業デザインを見ると、山下さんは、この授業で二つのことが読めればよいと考えていた。一つは、「不思議な世界へといざなう描写」を味わうことである。物語には、「金色のいね」「にじのような林」が描かれている。それが不思議の世界への出入り口になっていることに気づかせたいと思っていたのだ。そして、もう一つは、松井さんの気持ちの変化である。つまり、題名にもなっている「山ねこ、おことわり」が、最後には「また、いつでも、どうぞ」と片目をつぶってにやっと笑うまでになるわけで、そこを味わえればということだった。しかし、この日読んでいたのは、松井さんの心情はほとんど書かれていない場面である。ところが、物語の展開としては、この場面で松井さんの心情が変化する。それだけに、ここをどう読むかはとても大切だと考えていたのだろう。

授業を参観して感心したのは、子どもがその二点になかなか触れてこないのに、山下さんが平然としていたことである。最初は、「七色の林がきれい」とか「赤い屋根だから、青とか黄色とかないのかな」とかいったことが子どもたちから出てきた。それに対して山下さんは、一つひとつうなずきながら「ほんとだね」と言わんばかりにすべて受け入れていく。やがて、「お兄ちゃん、早く。早くってば」とせかす妹のことに話が移る。お母さんが病気なのだし、山ねこ先生の到着を待ちかねていたのだと子どもたちは語る。

こうして、子どもたちは、一向に、松井さんの心情に触れてこないばかりか、「不思議の世界への出入り口」のことも出してくる気配がない。にもかかわらず、山下さんは、まるで子どもたちとのやりとりを楽しんでいるかのように、にこやかに聴いている。

後から分かったことだが、このとき山下さんは、待っていたのだった。きっと子どもたちは出してくると信じていたのだという。

その山下さんの思いが通じる瞬間が訪れた。

廊下側の前のグループの子どもがこう言ったのである。「（グループになったとき）Yさんが言っていたんですけど、この場面で松井さんは一言もしゃべってない」

それを聴いた山下さんは、「えっ！」と聞き返す。「松井さん、しゃべってないの？」

こうして子どもたちの目が本文に注がれる。そして、確かに松井さんは一言もしゃべっていないことに気づく。そして、そのしゃべっていない間に起きたことは何だったかとなり、その出来事が松井さんの気持ちにどう影響したのかと読み進むことになった。

もう一つの「不思議の世界への出入り口」については、もっとドラマチックだった。

一人の子どもが「『白いほそう道路に変わりました』のところで」と語り始め、続けて、「ここは『山ねこの世界』だから……」と言ったのだ。すると、山下さんは、それまでの子どもとのやりとりと同じような雰囲気で、「『山ねこの世界』って、どんな感じする?……『山ねこの世界』って、どこからなの?」と尋ね、「ちょっとグループで話してみよう」としたのだった。

グループの後、「『木の葉が、赤や、黄色や朱色にそまった、にじのような林に入りました』というところから山ねこの世界」という考えが出ると、それに続けて一人の子どもが、「にじ色の林で、人の世界から山ねこの世界に変わっているんじゃないかな」と言ったのだった。

それを聴いた何人もの子どもが、そうだそうだと言わんばかりに、にこにこしている。

そんな子どもたちに、山下さんは間髪入れずに、たった一言言い放つ。

「おっしゃれー!」

山下さんは、待ちに待ったのだ。どんな子どもの考えも受けとめながら、決して自分から切り出すことはせず、待ち続けたのだ。そして、子どもは、そんな山下さんに応えた。

「不思議の世界への出入り口」についても、「一言もしゃべってない間に松井さんの気持ちが変化する」ということに対しても、山下さんは一切口にしなかった。「松井さんの気持ちの変化」については、「ここで、しゃべってないけど云々」と誘導しなくても子どもは読めていくだろうし、「出入り口」に至っては、説明して理屈で分かることではなく、これが「出入り口だったのだ」と感じとることが大切だ、そう考えていたのだろう。

山下さんの「おっしゃれー」という一言は、「現実の世界からファンタジーの世界への切り替え」なんだけど、それがこんなに美しく彩られている、なんとお洒落なお話なんだろうという印象深さを、子どもたちにもたらしたのだと私は感じた。

くどくどと説明して分からせようとするのも教師の言葉、それに対して、子どものさまざまな考えを聴き続けて、待ち続けて、そのうえで言い放ったたった一言の「おっしゃれー」も教師の言葉。いったい、どちらが物語を読む学びとして、子どもによる学びとして、優れた言葉なのか、もう言わずもがなだろう。

待つこと、聴くことのできる教師の言葉が、子どもの学びを引き出し、学びの質を引き上げる。「山ねこ、おことわり」の授業は、そのことを私たちに示してくれたのだった。

5　子どもの事実に応じる言葉が学びを引き出す

ここまで、話すことよりも聴くことが大切だと述べてきたのは、そう認識しない限り、学びを「子どもの子どもによる学び」にはできないからである。「主体的・対話的で深い学び」への授業改善は、教えられる学びから探究する学びに転換するためのものである。ＡＩが普及するこれからの時代は探究型・創造型の人材が求められる。そのため、子どもたちの学びを「子どもの子どもによる学び」にしなければならない。

とは言っても、何の指導もしないで、どの子どもも探究型・創造型になるわけではない。そうしていくためには、教師の対応が不可欠なのだ。しかし、それは、「分かりやすく教える」ということではない。子どもの探究を促し、支え、方向づける対応だ。

印象的な算数の授業が二つある。一つは六年生「並べ方と組み合わせ」の授業。授業者は、石川ひとみさん（兵庫県神戸市立渦が森小学校）。課題は、「南の海に、４つの島があります。島と島を結ぶ６本の線のうち３本に島と島を結ぶ橋をかけて、すべての島に行き来できるようにしたいと思います。橋のかけ方は何通りありますか。」というもので、中学校数学「確率」につながる内容である。

詳しい授業の経過を述べることはできないが、この四五分の授業で教師が子どもたちに発した言葉が非常に特徴的だったのでそのことを記したい。授業をした石川さんが発した言葉は、高度なものでもなければ、巧みさを感じるものでもなかった。ただ、「困っていること、分からないこと、出して！」「〇〇さんが困っているのでみんなで考えてみよう」と繰り返しただけなのである。ところが、この石川さんの言葉を受けて行われた学び合う学びで、子どもたちはこの難題に夢中になって取り組んでいったのだった。

子どもの思い、考えに寄り添い、子どもの思考を信じ、その学びを懸命に支えようとする教師に、子どもたちは探究的になって応える。そのとき、教師の言葉はむしろ技巧的にならないほうがよいのだ。こんなにも素朴で短い言葉でよいのだ。それよりも何よりも、課題が素晴らしかった。すぐには解けない。それでいて、分かりやすいシチュエーション。できそうだ、けれども簡単ではない。それだけになんとしても解きたい。そんな状態になった子どもに、くどい教師の言葉はかえって邪魔になる。この授業を見た私はそう実感した。

もう一つの事例、それは三年生「三角形と角」、田中千沙（旧姓・樋口）さん（三重県松阪市立第一小学校）の授業である。授業は二つの課題で構成されていた。一つ目は、「１辺が６㎝の正三角形があります。これを４つの正三角形に分けましょう」、そして二つ目が、「１辺が12㎝の正三角形があります。これを13この正三角形に分けましょう。」だった。

最初の課題を子どもたちは難なくやり終えた。下図のように、１辺を３㎝にすればよかったからである。ところが、二つ目の課題はそういうわけにはいかなかった。子どもたちは、一つ目と同じようにすればできると思ったのだろう、勢い込んで取り組み始めた。ところが、どうやっても13個には分けられない。授業をする田中さんはただそういう子どもの状況をみて回るだけでほとんど声をかけない。

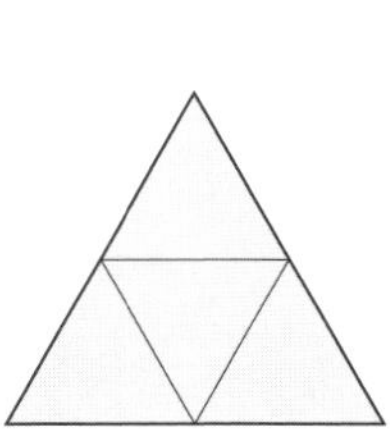

取り組み始めて一〇分を超えても誰一人できた子どもはいなかった。ここで、田中さんが口を開く。「今の時点で失敗したよというのある?」と。間違いであっても、やってみたことを出し合えば、そのことにより何らかの気づきが生まれると期待したからだろう。また、それらの間違いに対して田中さんと子どもが「間違いは宝物」と声を揃えて言う場面があったが、こういう言葉が間違いの奥にある学びの素晴らしさを感じさせてくれる。言葉は魔法だ。

さらに感嘆したのは、子どもが「1辺を3.5㎝にしようか」などと言い出したとき、すかさず別の子どもを指名して、その子どもの考えを説明させたことである。彼は、描いていた下のような図を指し示しながら、「1辺3㎝の正三角形を下から描いていったら、2段目までで12個になったので、13個まであと1個だからその上に引いていた線が邪魔だと思って、それを消して、この後どうしようかと迷ってました」と語った。

そのときである。一人の子どもが「あっ！」と叫び、「正三角形の大きさが違ってもいいのかな？」とつぶやいたのだ。それを聴いた子どもたちのなかから「あっ！」「そうや！」という声が上がった。それは、引いていた線を消した尖端の1辺6㎝の形を一つの正三角形とみれば、それで13個になるということを子どもたちが発見した瞬間だった。それが可能になったのは、子どもの状況に対する教師の二つの判断があったからである。一つは、「3.5㎝」という小数にはまり込むと三年生では複雑になり解けなくなるという判断であり、もう一つは、その場面までの一人ひとりに対する観察によってみつけておいたある子どもの気づきを、課題探究の突破口にするという判断だった。

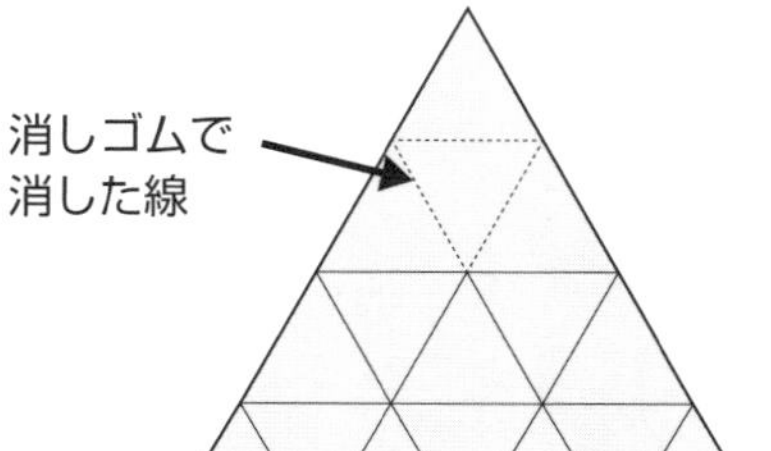

授業における教師の言葉は、子どもの学びの事実をどうとらえ、そこからどういう判断をするかによる、そのことを如実に示した授業だった。

6　言葉は〝人〟が生み出すもの

教師の言葉は、聴き手である子どもの事実に応じて出されなければならない。子どもの言葉に耳を傾けず、どう問うかという言葉の技巧に走ったとき、いつの間にかどう教えるか、分からせるかという罠にはまる。そして「主体的・対話的で深い学び」から遠ざかる。

だから、教師は、言葉数を減らし、子どもの事実をとらえるための「間」をとり、子どもの言葉に耳を傾け、子ども一人ひとりの目を見て語るべきである。

もちろん、深い学習材の研究と準備ができていなければ授業はできない。それは当然のことである。しかし、どれだけ研究ができていても、子どもがみえていない教師には、子どもが学びを生み出す授業はできない。学ぶのは子どもなのだから。

教師は、子どもに対しても、学びに対しても、言葉に対しても、謙虚でありたいと思う。そして、事実のみえる教師を目指して自らを磨くことだ。そうしなければ、言葉は磨かれない。授業を支える言葉は、結局のところ〝私〟という人間が生み出すものなのだから。

第4章　教育の質を決める五つの〝まなざし〟

1　内側からみるということ

　ここまでの三つの章においていくつもの具体的事例をもとに記述させていただいた〝まなざし〟ということについて、どういう〝まなざし〟があり、それはどう関連し合っているのかと、やや総合的にとらえるため、本章では、五つに分類して述べることにする。

　しかし、その前に、そもそも私がいつからどのように〝まなざし〟ということを意識するようになったか、そして〝まなざし〟とはどういうものだととらえるようになったか、そのことを述べておく必要があるように思う。

　私の〝まなざし〟に対する認識は、ある方によって開かれた。その方は、秋田喜代美先生（学習院大学教授）である。

秋田先生と最初にお出会いしたのは、先生が東京大学大学院の院生だった頃である。わざわざ、私の「東海国語教育を学ぶ会」の研究会においでくださったのだ。それは、私が学校から教育委員会に勤務先が移った頃だった。そのため、教委勤めの後は管理職として学校に戻ったことでもあり、私自身の授業を秋田先生にみていただくことはかなわない出会いとなった。それは今もって残念に思っているが、その分、その後の外部助言者としての活動において、たくさんの示唆と支えをいただくこととなった。

東海国語教育を学ぶ会が第一回の「授業づくり・学校づくりセミナー」を開いたのは一九九九年である。その年、秋田先生は、それまで勤められた立教大学から東京大学大学院に戻られている。それ以後、当時、東京大学大学院におられた佐藤学先生とともに、私たちのセミナーの構築を支えていただくこととなった。秋田先生は、そのときどきに、美術教育についてであったり、幼児教育であったり、授業における子どもの心理であったりと、さまざまなことについてセミナーで語ってくださった。私との対談に応じてくださったこともあった。

秋田先生がお話になったことで、最も強く印象に残っているのは、「夢中と没頭」という言葉である。その頃、授業をする私たちは子どもの状態をいろいろな言葉で表していたけれど、これほど分かりやすく実感のある表現はないと思い、その後、外部助言者としてコメントする際、何度も使わせていただいている。

その秋田先生が、二〇〇六年に明石書店から上梓した拙著『ことばを味わい読みをひらく授業～子どもと教師の〈学び合う学び〉』に解説として文章を添えてくださった。そのなかに、教師の〝まなざし〟について、次のように書いてくださっている。

――石井さんのコメントは、…（中略）…教室に居る個々の子どもの学びやこだわりを見抜き、その豊かさを浮かび上がらせる発言だった。本当に授業の中のつながりが見える人に語ってもらうと、このように授業は見事に浮かび上がって見えてくるのだと感じたのを鮮やかに覚えている。

……（中略）……石井さんの授業に対する見方や言葉が、授業を共に見る多くの教師の心に届き響くのは、学問の理論をふりかざしたり、専門家然で語ったりする外側からのまなざしや居方ではなく、子どもの言葉につねに誠実に出会い寄り添い、その中にある面白さや豊かさを掬い上げることで、教師に新たな一歩への灯火をつけてくれるという内側からのまなざしだからである。——

最初に拝読したとき、私は、どう表現してよいかわからないほど申し訳ない気持ちになった。私には過ぎた解説だったからである。けれども、そこに書かれている〝内側からのまなざし〟という言葉を目にしたとき、私の心は瞬間的にその言葉に惹きつけられた。まさに教師の子どもをみる目は、実際には子どものことを外側からみているのだけれど、心の目で子どもの内側をみていなければならないと思ったからである。

2　子どもへの〝まなざし〟

教師にとって最も大切な〝まなざし〟は、子ども一人ひとりに対するものでなければならない。子どもの育ちと学びの深まりを目指して行うのが教育という仕事なのだから、その対象である子どもに向ける教師の〝まなざし〟は、何よりも大切なものとなる。

B先生が、Cさんのことが気になり始めたのは2時間目の途中だった。表情がいつもとどこか違う、そう気づいたのだ。2時間目が終わった後の休憩時間、B先生はいつものように職員室に戻ることをせず、教室にそのまま居ることにした。そして、そっとCさんの様子を観察した。やはりCさんに何かがあったにちがいない。そう判断したB先生は、そっと彼女を教室外に誘い、語りかけたのだった。

D先生の学級には、男の子同士でよくケンカになるEさんという子どもがいた。D先生は、すぐ手を出してしまうEさんに、そうしてしまう何かがあるのではと思い、彼のこれまでのことを調べることにした。もちろん自分自身が彼との接点をつくり、つながりを築くことも必要である。だから、積極的に話しかけるようにした。休み時間には彼の遊びに加わったりもした。

F先生は、算数の時間になるといつも、すぐには書き始めることができず、鉛筆をくるくる回しているGさんのことが気になっていた。そして、「あの子を『わからへん。ねえ、どうやってしたらええ？』と友だちに尋ねられるようにせんとあかんなあ。それにはどうしたらええんやろ」、そう思った。けれども、まだ教師になったばかりのF先生には妙案が浮かばない。思い余った結果、ベテランのH先生に相談することにしたのだった。

I先生が新しく担任することになった学級は、一部の男子が声高に思ったことをしゃべっているのに対して、何人もの子どもが何も言えずにいる雰囲気があった。特に女子の何人かが絶えず下向き加減で暗い感じがするのを見て、子どもたちの人間関係に何かがあると思った。このままにはできないと思ったI先生は、まずは自分が子ども一人ひとりとつながらなくてはいけないと思った。そこでＩ先生は、翌日、全員にノートを配って、子ども一人ひとりとの「交換日記」を始めたのだった。

社会科の時間だった。一応の学習材の研究はしてあった。だから、授業が始まるとすぐ課題を子どもに提示し、どういう考えを出してくるかとじっと子どもの様子をみつめていた。しばらくしてＪ先生は気づいた、子どもの表情がさえないことに。これは学習課題がよくなかったのだ。以前も、グループの様子がざわざわした感じになったことがあり、そのときは課題が易しすぎたのだった。今回はその逆で分からなくて戸惑っている、状態は違うけれど、これは学習課題の問題だ、Ｊ先生はそう思ったのだった。

物語を読む授業のときだった。授業が半ばを過ぎた頃、日頃からあまり発言しない一人の子どもがじっと自分のほうを見ているのにＫ先生は気づいた。Ｋ先生ははっとした。Ｌさんが何か言いたがっている、今だ、今、あの子の思っていることを引き出さなければ、このチャンスを逃してなるものか、そう思ったＫ先生は、すぐにペアで聴き合うように指示した。そして、ペアで言葉を交わしているＬさんの近くに行って、そっと耳を澄ませた。彼女の考えを確かめたうえで、全員で聴き合う学びになったときＬさんを指名しようと思ったからだった。彼女がこんな素晴らしい考えをしている、それをクラスのみんなに知らせる、そういう出来事を次々と生み出すことで、すべての子どもが安心して学び、互いを大切にし合うことのできる学級にすることができる、そう思ったからだった。

これらは、子どものことをいつもみつめようとしている教師の事例である。このように子どもの事実は、いろいろな場でさまざまなあらわれ方をする。予測できることもあるが、突然、瞬間的にあらわれることの方が多く、そういう事実がみえるか、みえないかの差は大きいと言わざるを得ない。

しかし、どの子どもに対してもどんなことに対しても、見逃さないような〝まなざし〟を向けることは大変難しいことだ。どれだけ心優しく子どもに思いをかけている教師であっても、すべての子どものどんなことも〝みえる〟ということはない。だからと言って、仕方がないと言って済ませることはできない。ゼロか百かではなく、万全には無理だとしても、一つでも多く〝みえる〟ようにする、その意識をもたなければならない。

教室をすべての子どもが生きられる場所にする、安心して学ぶことのできる場所にする、そのため、「すべての子どもへの〝まなざし〟を忘れない」、私たち教師は、それが教師であるための第一条件なのだと考えたいと思う。

3　学習材への〝まなざし〟

〝まなざし〟の二つ目、それは、「学習材（題材、テキスト）に対する〝まなざし〟」である。

教師の仕事の中心は「授業」である。通常、授業は一日、四～六時間ある。学校規模等によって差はあるが、教師は、そのほとんどの時間、授業を行っている。

それらの授業で教師は、なんらかの題材もしくはテキストをもとに子どもの学習に向き合っている。つまり、その時間における子どもの学びは、授業に携わる教師の準備と進め方に担われているということになる。授業に当たり教師がなんとしても行わなければならないのは「学習材についての研究」である。子どもが学ぶ題材・テキストに対して、どれほどの深さの認識を有しているか、それが子どもの学びを大きく左右することは、だれが考えても分かることだ。だから、教師は、授業以外の時間において、日々の授業の「学習材の研究」を行っている。そのとき、求められるのが題材・テキストに対する教師の〝まなざし〟の深さなのだ。

「主体的・対話的で深い学び」への授業改善が言われるようになり、逐一教師が説明して教える授業ではなく、子ども同士で対話的に課題に取り組む学びが求められるようになった。この授業観の転換はこれからの授業づくりにとってかなり重要なことなのだが、「学習材の研究」が大切であることに変わりはない。いっとき、逐一教えなくてもよく、子どもに取り組ませればよいのだから、詳細で深い研究はしなくてもよいのではないかという誤った考え方が生まれたようだが、最近は、むしろ「主体的・対話的で深い学び」に取り組めば取り組むほど、教師の学習材に対する研究の深さがものをいうことが明らかになってきている。

数日後に訪問する学校から送られてきた授業デザインを見て、「これは面白い！」と思わずつぶやいたことがある。中学三年数学「相似な図形」の授業だった。授業をする教師が準備した学習課題が、これまでだれも思いつかなかったのではないかと思えるものだったからである。

授業が始まってすぐ、教師が子どもたちに見せたのは次ページの写真のような「パスタメジャー」だった。パスタは、写真の左下のような乾燥させたものを茹でて調理するが、その際、どれだけの量を茹でるかの計測に使うのが「パスタメジャー」である。

棒状の乾燥パスタは写真のように束になっている。それをメジャーにあけられている穴に通すと、穴の大きさによってパスタの量が計測できるというわけで、今はこのような便利な調理道具があるのだ。いちばん小さい穴で計測したパスタを一人前とすると、二人前、あるいはもっと多い五人前にしようとしたら、穴の直径はどれだけになるか、そのように考えることが「相似」の学びになる、教師の出した課題は、そういうものだったのだ。

中学二年技術科「エネルギー変換に関する技術」の授業でのことである。授業をしたO先生は、学習指導案に次のように記していた。

――戦後続いた電力会社による電力の供給体制は、海外の自由化や規制緩和などの流れと福島第一原子力発電所の事故による電力システムの改革推進により、その第一段階として電力広域的運営推進機関の設立（二〇一五年四月）が行われ、消費者が電力会社や電源を主体的に選択できる時代になった。これは、私たち消費者が、電力インフラを作る過程に参画できるようになったことを意味する。したがって、この学習は、日本の社会・経済に大きくかかわっていると言える。そのため、生徒には、日本のエネルギー問題を正しく理解し、現象の課題認識をするとともに、将来的に逃れられないグローバル化や人口・環境問題なども見据えて（SDGsの視点に立って）、技術的な視点から課題解決を図る創造型の学びが求められる。――

Ｏ先生は、このような題材観に基づいて、子どもたちに、各発電方法のプラス面・マイナス面を踏まえて八年後の日本があるべき姿を考えさせようとした。示した学習課題は次のようなものだった。

> 今後の日本のあるべき姿として、どのような電源構成であるべきか、二〇三〇年、日本のエネルギーミックス（組み合わせ）を考えよう。

探究的学びは適切な資料が必要だ。Ｏ先生はいくつかの資料を準備していた。その一つが下のような「エネルギーミックスの変遷」（資源エネルギー庁『エネルギー白書』二〇一七年）である。ご覧いただいたものは、Ｏ先生が示したものの一部分であり、授業においては、二〇一〇年、二〇一五年だけでなく一九六〇年から一〇年ごとのミックスも示されていた。

　授業を参観した私は、これは壮大な課題だと思った。たった一時間や二時間で考えをつくり出すことは難しいことだからである。それぞれの発電方法が抱える課題、その課題が社会に与えている影響を勘案しなければならないし、そのためにはさまざまな未来予測が必要になる。けれども、こうしたことを課題として考え、議論することは大切なことなのだ。これからの時代を生きるには避けて通れない問題だからだ。子どもたちにも関心を抱いて考え続けていってもらいたい、そのきっかけとして、出発点とし

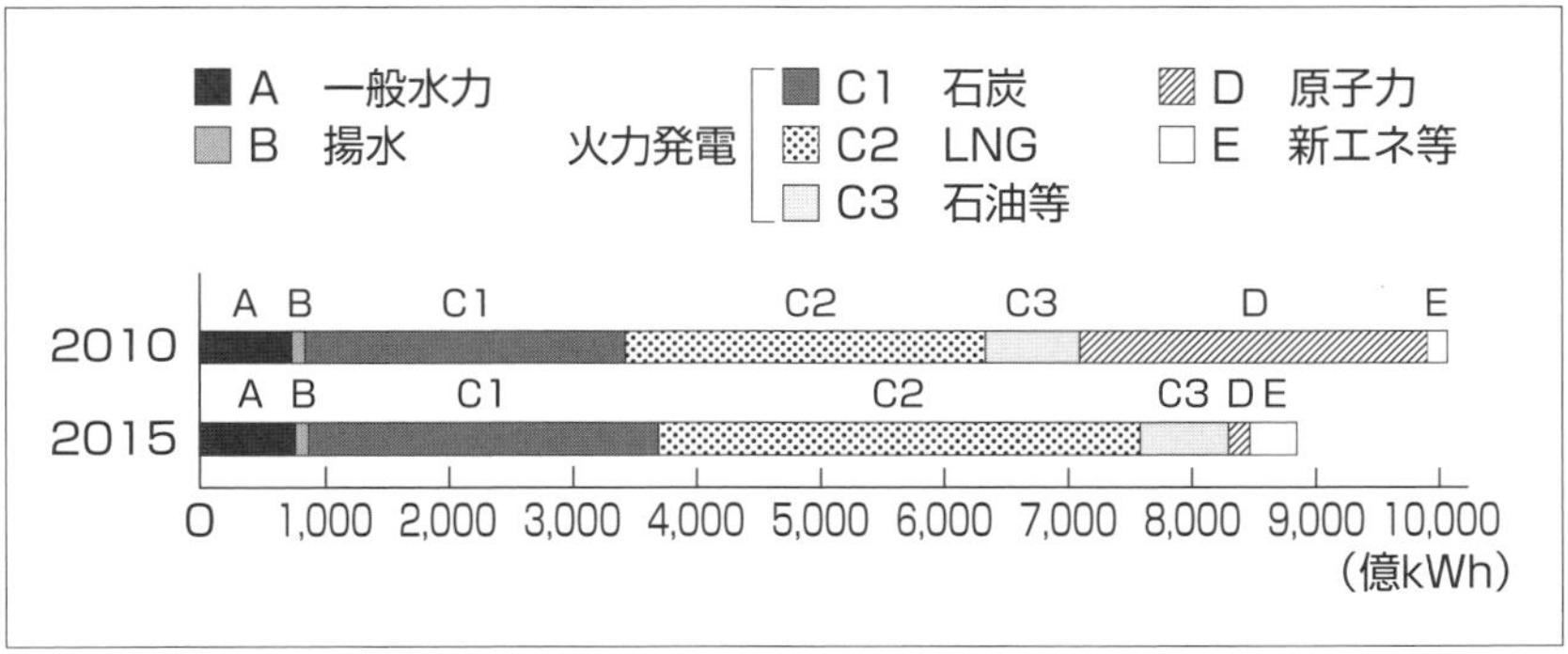

て、子どもたちなりに考えさせる、それが〇先生のねらいだったのだ。
ここではこの課題に対して子どもたちがどのようなエネルギーミックスを作成したかは略すが、三〇分近い時間、すべてのグループが取り組み続けたことを知ってもらいたい。教師が明確な認識をもち、子どもの関心を引きつける課題提示をすれば、子どもたちはこんなにも深く考えるのだということが強く感じられた授業だった。

中学二年音楽「曲の構成のよさや面白さを味わいながら鑑賞しよう」の授業である。授業者が子どもたちに提示した学習課題は、これまで出会ったことのないものだった。まず、取り上げた曲がムソルグスキーの「展覧会の絵」だったことに「ほおーっ」となった。教師は、「この曲は、ムソルグスキーが友人の画家の展覧会（遺作展）に掲げられていた一〇枚の絵をモチーフにして、一〇の楽章で作曲したものです。今日はそのうちの五つを聴くことにします」と話した。そのうえで五枚の絵の複製を取り出して、「この五つの絵が、モチーフになっている一〇のうちの五つです。みんなに曲を聴きながら考えてもらいたいのは、どの曲がどの絵をモチーフにしたものなのかということです。絵を見ながら耳を澄ませてよく味わってください。これが今日の課題です」と話したのである。音楽の鑑賞であるとともに絵画の鑑賞にもなる、これは素晴らしい学習課題だ、授業を観ていた私はすっかり感激してしまったのだった。

小学四年国語「白いぼうし」の授業のときだった。「白いぼうし」という物語の最後は、主人公の松井さんの耳に聞こえてきた、「よかったね。」／「よかったよ。」／「よかったね。」／「よかったよ。」という声と、まだかすかに残る夏みかんのにおいで閉じられている。授業時間が残り少なくなったとき、授業者は、「よかったね。／よかったよ。」の部分を音読するように子どもたちに指示した。一人の子どもが指名された。その子は、やや緊張した面持ちでしっかりした声で読んだ。さらにもう一人の子どもが指名され、その子どもは一人目の子どもよりハリのある声で音読した。

そのときだった。一人の子どもが「そんな声じゃない！」とつぶやいたのだ。それは瞬間的な出来事だった。ところが教師は、その小さなつぶやきに即座に反応し、「ほおっ、じゃあ、どんな声かなあ？」と返して考えさせた。すると子どもたちは、物語に書かれている「それは、シャボン玉のはじけるような、小さな小さな声でした。」という文を見つけてきた。「素晴らしい！」、私は目を見張った。

しかし、感激したのはそれだけではなかった。子どもたちの間で「シャボン玉のはじけるようなってどんな声？」という声が出たそのとき、教卓の引き出しから、なんと、ストローと小さなお皿を取り出したのだ。そして、「どんなのか、ようく聴いてね」と言ってお皿のなかのシャボン液をつけてそっと吹いたのである。ストローから放たれたシャボン玉がゆらりゆらりと教室を漂い、そして弾けた。子どもたちは、どんな音がするのかとしんとして聴き入っていた。しかし、それはほとんど聴くことができない音とは言えない音だった。この後の子どもたちの音読が全く違う読み方になったことは当然の結果だった。

これら四つの事例は、すべて「学習材（題材・テキスト）」に対する教師の〝まなざし〟の深さがあって生まれたものである。パスタメジャー、展覧会の絵、エネルギーミックスの変遷については、授業を準備する段階における研究によって成し得たものだと言える。授業における子どもの学びが、教師が提示する課題に沿って生み出されるものだということからして、この三人のような授業前の準備がどれだけ大切かがよく分かる。

しかし、学習材の研究の大切さは授業前のことだけでなく、授業の最中においてさらなる必要性を増すということが「白いぼうし」の事例で言えるのではないだろうか。シャボン玉の道具をそっと用意しておいたのは、確実に教師の事前の研究、準備の結果である。ただ、特筆すべきことは、用意しておいたにもかかわらず、子どもから「そんな声じゃない!」という声が出るまで出さなかったことである。「読むのは子ども」という鉄則を大切にしつつ、出された子どもの気づきを深くする、それが教師の役割だということが分かっているからできる対応だ。

このように、子どもが取り組む学びであっても、いや、子どもが取り組む学びであるからこそ、その授業に携わる教師が有している「学習材(題材・テキスト)への〝まなざし〟」が、学びの深まりの鍵を握るのだ。子どもの取り組みを見守り、子どもによって学びが深まるよう促進する、それには、それに応え得る課題を準備し、子どもの思考を受けとめ支え方向づける教師の働きが求められるのである。それは、自分の予定通り一問一答式に教えることよりはるかに深い知識と洞察力・判断力を必要とする。

4 子どもの学びへの〝まなざし〟――「学びのかけら」がみえること

子どもへの〝まなざし〟、学習材(題材・テキスト)への〝まなざし〟と、二つの〝まなざし〟の大切さを述べてきたが、ここで、その二つの〝まなざし〟の向こうに、さらに大切な〝まなざし〟があることを述べなければならない。それが「子どもの学びへの〝まなざし〟」である。

授業は、教師の予定通り進むものではない。もしそうだったら、事前に作成した授業計画に基づいて淡々と行えばよいだけだ。子どもは、そういう教師の進めるやり方に合わせて学ぶ、そう考えれば、教師にとって大切なのは、前述した二つの〝まなざし〟だけでよいということになる。

しかし、学ぶのは子どもなのだ。しかも子どもの考えはどの学級でも、どの子どもでも同じになることはない。そういう子どもの題材・テキストに対する思考の状況を勘案しないで、事前に考えておいた計画通り進めることで授業が成立するということは考えられない。授業は、子どもが教師のやり方に合わせるのではなく教師が子どもの事実に合わせて進めるものでなければならないからだ。

もちろん、事前に考える授業案が適当なものでよいと言っているわけではない。考えられるだけ考えておくべきだ。しかし、どれだけ考えておいても、その通りにいかないのが授業である。それほど子どもが生み出すものは複雑で多様なのだと言える。その状況を生かしてさらに深めるには、その子どもの状況がみえなければならない。教師の第三の〝まなざし〟、それは「子どもの学びへの〝まなざし〟」なのだ。

ある学校で「35＋17」というたし算をしていたときのことである。

一人の子どもが、黒板に、一の位の計算をした結果を「2」と書いていた。そこまではよかった。ところが、十の位の計算をしてから書いた数字が「4」だったのだ（次ページの図参照）。そのとき、それを見ていた別の子どもが「どうして4なの？」と、その子に問いかけた。

問いかけられた子どもが学級のみんなの方に顔を向ける。そして答えた。彼が発したその言葉を聴いて、私は、思わず吹き出しそうになった。その子が、平然と「5と7と足したら12なんやけど、ここに12って書けへんやん。そやから、12の2だけ書いて、『1』ほったった（捨てた）！」と言ったからである。

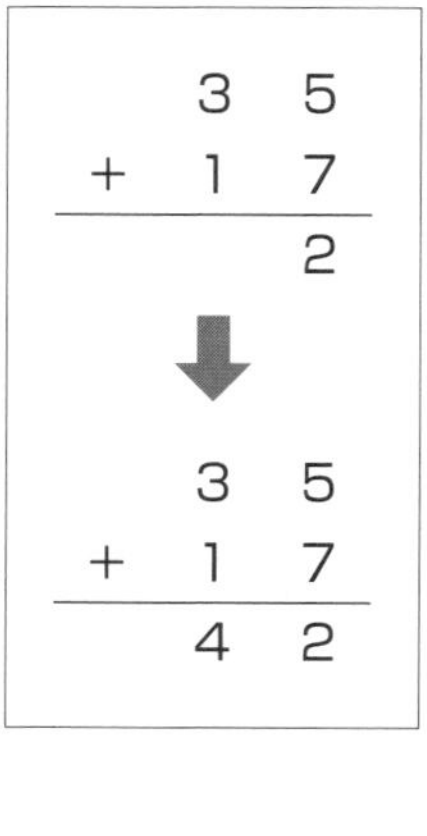

たくさんの教室を訪れている私は、数限りない子どもの「間違い」に出会っている。けれども、これほど愉快で爽快感を感じた「間違い」に出会うことはめったにない。

私は笑いをかみ殺した。この子は真面目に考えているのだから笑ってはいけないと思ったからである。そして気づいた。この子どもの間違いは、「繰り上がりのあるたし算」のツボを学ぶのに最適のものだということに。

何より大切なことは、この子どものしたことを間違いだというだけで切り捨てないことである。間違いであろうが、この子どものしたことに共感しなければならない。「ほんとだね。ここには一つの数字しか書けないもんね。12の1が邪魔だと思う気持ち分かるなあ」と。

次にするとよいのは、おはじきで「35＋17」をやってみることである。おはじきをチョコボールだと思ってやってみると子どもは本気になるだろう。そうすれば、チョコボール（おはじき）の数は「52」になって、「42」にはならない。そのとき、その子は「12の1をほうったったらあかんのやな」と気づくことになるだろう。

しかし大切なのはここからである。おはじきで考えただけでは、繰り上がりの原理の学びにはなっていないからである。そのとき、おはじきが10個になったら袋に入れる、そしてその袋は、十の部屋に入れなければならないと気づかせることである。

まず、おはじきを下のような位取り表に並べてみる。そして、一の位のおはじきを足してみる。するとそれは「12」になり、「10」より多い。なので、位取り表の下の矢印のように10個を袋に入れさせる。

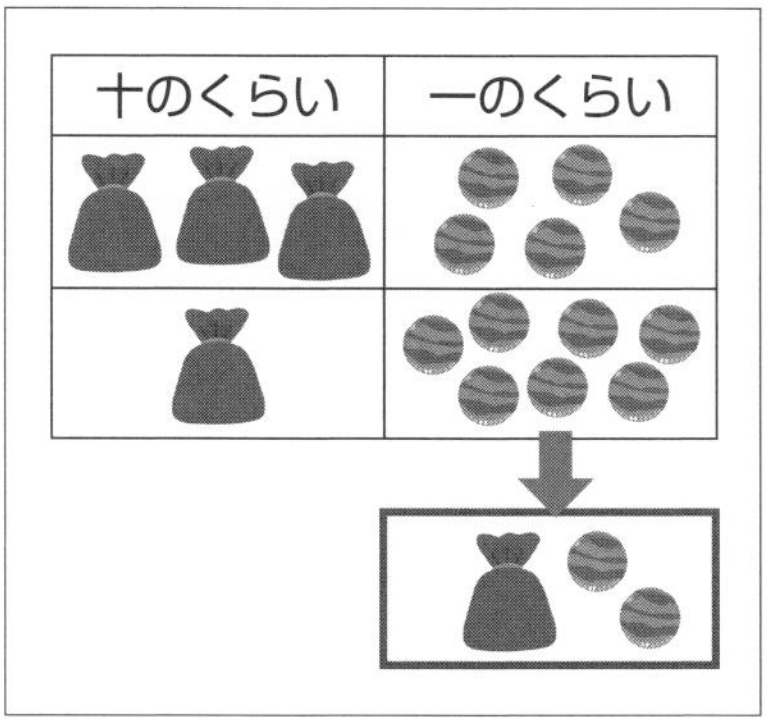

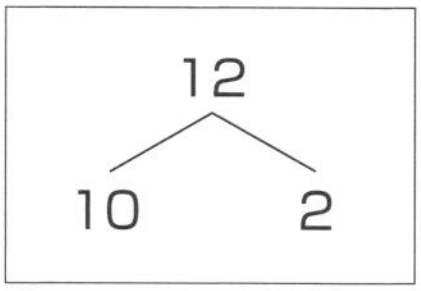

よく10と2に分けることを上図のように描いて「さくらんぼ」と名づけているが、それは「10」を作るということである。問題は、その「10」の扱いである。「ほったる」と言った子どもはそこが分からなかったのだから。

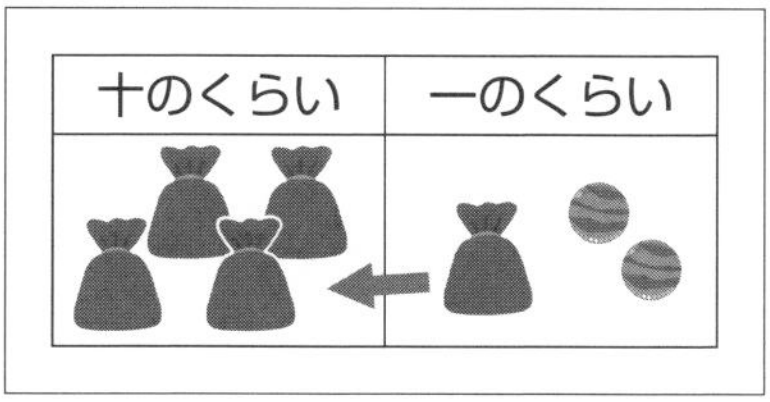

おはじきの操作で答えは「52」だと分かっている。だから、一の位を足して出来た「10」の袋が、ほったるのではなくどこへ行ったのかと考えさせればよい。そうすれば、十の位に行ったことに気づくだろう。こうして、一の位で10個になったらそれが一つにまとまって十の位に上がっていく、ということが理解できていくだろう。これが、十進法に基づく「繰り上がりの原理」である（上の図参照）。

「分からなさ」や「間違い」は宝物である。それは、「分からなさ」や「間違い」の傍らに「学びのツボ」があるからだ、私はそのように言い表している。その理由が、この事例でも分かっていただけるだろう。「ほったる」という考えには驚かされたが、捨てたくなる子どもの気持ちに共感し、そうしなくてもよい考え方を見つけることで、「繰り上がりのあるたし算」の原理にたどり着くことができるのである。それはまさに「ほったる」という間違いのおかげである。

子どもの間違いや分からなさが出ることはよいことなのである。決して困ったことではなく、歓迎すべきことなのである。

学びは、答え、つまり「結果」を早く出すことによって生まれるのではなく、分からなくなったり、間違ってしまったり、ああではないか…こうではないかと迷ったりする、その「過程」で生まれるものである。それは、脈絡のない、根拠のあいまいな、ふっと頭に浮かんだような断片的なものかもしれない。しかし、その断片的なものに、課題の解決につながる、あるいは学びを生み出すきっかけになる気づきが含まれていることが多い。そういう意味で、そのようなものを、私は「学びのかけら」と呼んでいる。

子どもたちから出される言葉や考えを、ただの欠片として通り過ぎるような聴き方しかできなければ、その欠片はただの欠片として打ち捨てられ、埋もれてしまうことになる。大切なのは、ただの欠片ではなく「学びのかけら」として聴くことのできる耳をもつことだ。目をもつことだ。

つまり、「学びの深まり」は、間違いや分からなさを「学びのかけら」として受けとることができるかどうかによって決まると言ってよいのではないだろうか。そして、その間違いや分からなさを歓迎し、そこから学びを引き出すということは、「一人の子どもも独りにしない授業」を実現する。すべての子どもに学ぶ喜びをもたらす。間違っても、分からなくてもあきらめず取り組もうとする子どもをつくり、そういう子どもへのリスペクトを生む。

そのために、決定的に大切になるのが、教師の〝学びへのまなざし〟である。それは、「一人の子どもも独りにしない」という〝まなざし〟、「分からなさ」や「間違い」をこよなく大切にする〝まなざし〟である。「わからなさ」や「間違い」を引き受けることのできる〝まなざし〟であり、「慈しみの心」と「一人ひとりの存在を大切にする心」に裏打ちされた〝まなざし〟である。

当然のことだが、教師も一人の人間である。完璧な人間などいないのだから、いつどんなときでも完璧にそういう〝まなざし〟を子どもに向けられるかと問われれば、「はい」と答えることはできないだろう。大切なのはゼロか百かではなく、そうしていこうという心構えをもち続けることである。そして、誠実に、内省的な実践を持続することである。

「大造じいさんとガン」（椋鳩十・作）という物語を読む五年生の授業だった。その授業で、素晴らしい出来事に出会った。それは、授業が半ば過ぎに達した頃、突発的に生まれた。

その教室に、授業から外れがちな子どもがいた。名前を仮に雄介としよう。一学期にその学校を訪れた際に目にしたのは、授業中にもかかわらずふらっと教室から出て行く雄介の姿だった。

その学校から私に訪問の依頼があったのは、こういう子どもも、だれもが学びに入れる学校にしたいと先生方が願っておられたからだった。そういう説明を受けて、それは、「すべての子どもの学びの保障」を謳う「学び合う学び」の理念に適うと私は思った。だから、私は、躊躇なくこの申し入れを受けさせてもらった。そして訪れた最初の訪問で、前述したような光景に出会ったのだった。

先生方は諦めていなかった。だから私への依頼があったのだが、私が感心したのは、この子どもに対してだけでなく、いくつかの学級の、心にかけて対応すべき子どもへの先生方の〝まなざし〟が温かいということだった。こうして私のこの学校への訪問は四回目を迎えた。

授業は、一年前に捕獲したガンをおとりとしていつものガンの餌場に放ち、そこにやってくる残雪の群れに鉄砲を打ち込むという作戦を敢行する直前に、いきなり現れたハヤブサに邪魔をされるというこの日の場面の音読から始まった。

音読が終わると書き込みだった。雄介も、最初は鉛筆を持っていた。そんな彼のところに担任のY先生が行って、二言三言話しかけた。先生からの励ましを受けて彼は書こうとしたようだった。しかし、鉛筆は動かない。そのうち、諦めたのか顔を机に伏せてしまった。

書き込みの後、ペアの相手と聴き合うことになった。彼のペアの相手は女の子である。彼女は、どう話しかけてよいのか戸惑っているようだった。ほかのペアはみんな肩を寄せ合って互いの気づきを伝え合っていたから、彼女はなんとかしなければと思っていたのだと思う。視線を彼のほうに向けるのだが、やはり言葉がけはできない。そのままペアによる聴き合いの時間は終わってしまった。

ペアを終える指示をしたY先生が、子どもたちに問いかけた。「どんなこと、ペアで話していたの?」と。何人かの子どもの発言の後、一人の子どもが「残雪め…と、『め』と言っているから、大造じいさんは怒っている」と述べた。

そのときだった。それまでまるで無表情にただじっと遠くを眺めているだけだった雄介が、体をゆすり始めたのだ。肩を前後左右にぐにゃぐにゃと。そして、その揺れが小刻みに激しくなる。私は、とっさに、彼の頭のなかで何か変化が生まれている、そう感じた。

Y先生が別の子どもを指名した。その子どもは、今、出された考えに賛同するように、「私も『め』と言っているのは、怒っているんだと思う」と言ったのだった。

こうして、子どもたちの目は、完全に「怒っている大造じいさん」に向けられた。次に手をあげた子どもが次のように言う。「前までは残雪がいなかったからとれていたけど、残雪が来たからとれなくなったから怒ってる」と。

Y先生はうなずきながら、「そうか、前まではガンとれとったもんなあ。残雪のせいでとれやんようになった。だから怒っとんのや」と、子どもたちの考えを受け入れる。

私はこの様子をじっとみつめていたのだが、私の目は、発言する子どもよりも、雄介に向けられていた。それは、それまで遠くを見ているようだった彼の目が、いつの間にかきりっと前に向けられるようになったからだ。彼は考えている。それは間違いのないことに思われた。それでも、その彼の口から言葉が発せられるとは思いもしなかった。

突然だった。雄介が口を開いたのだ。だれもが、もちろん授業をしている担任のY先生も予期していなかったに違いない。彼が放った一言、それは、

「はらたっとったんや」

だった。おそらく彼は、残雪のためにも思うようにいかなくなった大造じいさんの「いまいましい気持ち」を感じていたにちがいない。その自分の感じていることと同じようなことを言った子がいた。そのとき、彼の

体のなかで、何かがむずむずし始めたのだ。それは次第に押さえようのないものへと高まっていく。そして、とうとう、口に出さずにはいられなくなった。それが、手もあげずに発したこの一言だったのだ。

私は、感動していた。言い表し方は乱暴ではあったが、彼は大造じいさんの思いを感じとろうとしている。そういう彼が、なんとも言えずいとおしいと思った。

そして、それ以上に、Y先生が彼の突然の言葉を受け入れてくれたことがうれしかった。

「あぁっ。はらたっとんのや。雄介さん。…そういうことか！　はらたっとんのやな！」

Y先生も、雄介の一言がうれしくてならなかったのだと思う。

素晴らしいことは連鎖する。

それから五分ほど後のことだった。ある子どもが言った。

「大造じいさんは、何が起きたか、気になった」と。

それに、別の子どもが応じる。

「どうしたんだ。何があったのか?って思っとる」

それは、突然現れた何かによって、ガンの群れが一斉に飛び立ってしまうという思いもしない事態に戸惑う大造じいさんの狼狽を表していた。

そのとき、彼がまた口を開いたのだ。しかも、今度は、挙手をして、Y先生に指名してもらって、みんなと同じように立って発言したのだ。彼が言ったこと、それは、

「どういう状況か?」

だった。雄介が言いたかったのは、大造じいさんは、いま自分はどういう状況に遭遇しているのか、それが分かっていない、だから思わず「どうしたことだ」と思ったということだったのだ。

そんな彼の言葉を聴いて、私は瞬間的に察した。彼は、大造じいさんになったように感じとっている、と。２回続いた彼の考えをつなぐと、「いったい何が起こったのだ。この状況はどういう状況なんだ」と感じた大造じいさんが、それはハヤブサによって引き起こされたことを知るに及んで、そこまでの「はらがたっとる」という気持ちが変化していく、そういうことになると思ったからである。

私は、この日の事後研究会で、ここのところを撮影した授業映像を観てもらって、次のようなことを話した。

――この日の授業では、この後、「再びじゅうを下ろしたじいさんのことをどう思うか」という発問をY先生はしている。「なぜじゅうを下ろしたか」ではなく、そんなじいさんを「どう思うか」と尋ねた問い方は、私はよかったと思う。ただ、その前に、じいさんに銃を下ろさせることになった出来事がどのようなものであったかをしっかり描き出しておくとよかった。その出来事がこのじいさんの行動になったのだから。

そう考えると、雄介のつぶやきは、絶好のきっかけになる。「うん、雄介さんが言うように大造じいさんが『どういう状況か？』と驚いたんだけど、それはどんな状況を目にしたからか？　そこ大切だね。その状況をもう一度読み描いてみよう。そこのところを○さん、音読してください。みんなは、その音読を聴きながら、どういうことが起こったのか、その状況を頭のなかに描いてくださいとしてはどうだろうか。――

これは、この場面を読むうえで非常に重要なところだった。大造じいさんは銃を下ろそうと考えて下ろしたのではなかったからである。「なんと思ったか」という叙述がそれを表している。銃を下ろすことになったのは、予期しない出来事がじいさんにもたらしたものだったのだ。だから、物語を読む子どもたちもその出来事を目のあたりにしなければならない。雄介が持ち出した「状況」とはこんなにも大切なことだったのである。

私は、この出来事で胸を熱くしていた。そして、すべての子どもの学びを保障しようと、温かい〝まなざし〟を子どもに向けてさえいれば、こういう出来事は生まれるのだ。必然なのだ。そう思ったのだった。

教師の子どもに向ける〝まなざし〟は決定的に大切である。とくに、満たされないものを抱えている子どもにとって、その〝まなざし〟は彼らの生きる力になる。ただ、その〝まなざし〟は、それらの子どもが生み出す事実をみようとする〝まなざし〟でなければならない。「学びのかけら」をもとらえようとする〝まなざし〟でなければならない。その〝まなざし〟によって、「学びの兆し」や「学びの可能性」が姿を現すからである。

しかし、授業のなかで、そのときどきに生まれる子どもの学びの事実を、しかも何人もいるなかの一人ひとり個別の事実を、その瞬間・瞬間に、咄嗟にとらえるという〝まなざし〟は簡単には身につかない。

その難しさを超えて、子どもの学びがみえると、授業が豊かになる。子どもの可能性が開かれる。それは、ここに掲げた「くり上がりのたし算」と「大造じいさんとガン」の授業が示しているし、本書第1章の「なかなおり」の授業、第2章の「かけ算」の授業もそのよき事例である。これら四つの授業の事実から、私たちはたくさんの、教師の〝まなざし〟を感じとることができる。

授業をする教師にとって、学びのその場において生まれる事実をとらえる〝まなざし〟ほど大切なものはない。それだけに、こうした事例から学ぶことは極めて大切である。

5　自分自身への〝まなざし〟

私は、子どもの事実、学びの事実が〝みえる〟ことが教師の専門性の最たるものだと考えている。どれだけ学習材について研究していても、研究したことが子どもの事実に適合しなかったら子どもの育ちと学びにつなげることはできないからである。

それには少しでも〝みえる〟ようになろうと思わなければならない。そして、そのための取り組みを行わなければならない。子どもの事実が〝みえない〟自分を正視し、その原因である自らの「鈍感さ」（そう思ったほうがよい）を正視しなければならない。それを可能にするのが、第四の条件、「自分自身への〝まなざし〟」である。

自分で自分自身をみる、それは易しいことではない。「目」に映るものは、周りの他者や景色・事物であり、だれの目にも自分自身は映らない。もちろん、こんなことをしていていいのか、これでよいのか、こんな話し方をしていて大丈夫なのか、などと自分の行動について心を働かせることはできる。けれども、それはそのときの自分の状態が外からみえているわけではないので、思い過ごしであったり、間違いであったりすることもある。もし感じたことが思い過ごしだったら、自分自身の実際が分かっていないことになる。それは教師としてかなり危ないことになる。そこで大切になるのが、どのようにして「自分自身をみえるようにするか」ということである。

自分自身をみる方法としてやってもらいたい方法が二つある。一つは、授業を他者にみてもらいその人のコメントを聴くことである。自分を磨くには、他者、とりわけ信頼できる人、優れた実践をしている人に教えを乞うことである。自分自身に閉じ籠っていてはならない。自分のやり方にいつまでもこだわっていてもならない。自分の今行っていることがどういうことなのか、それを知るには、他者の目に委ね、みてくれた他者の声に耳を澄まし、他者からの指摘を謙虚に受けとめることである。

とは言っても、勤務する学校にそういう雰囲気がないとか、どうも言い出しにくいとかいうことがあるかもしれない。そういう場合は、一旦学校内のことは置いて、学校外にその機会を求めることでもよいと思う。その気になりさえすればそういう場は必ずある。

一方、自分自身で自分をみるという手段が全くないわけではない。それは機器を活用することである。授業をビデオカメラで撮影してそれを視聴することで自らの授業をみることができる。最近、体育等の授業において、タブレットで撮影した子どもの演技を再生してよりよい演技につなげるという方法がとられるようになったが、同じように、教師も授業を撮影してリフレクションすることができる。医療の現場においては、医療の事実を撮影しその映像をもとに検証するという「カンファレンス」が当たり前のように行われているが、教育の場においても、それは必要なことだと言える。

私は、教師の専門性は「経験」によってしか深めることはできないとこれまでずっと述べてきた。教師の授業づくりにマニュアルはなく、一つの方法に当てはめれば、だれでも、いつでもよりよい授業ができるということは決してないからである。それは、教師の仕事は、瞬間、瞬間に起こる子どもの事実に応じて手を打つことだからである。子どもの事実は、マニュアル通りに生まれることはなく、予想もしないことが多々生まれる。そういう事実に臨機応変に対応し、その場でどのようにしていけばよいかの判断をし、よりよい方向に舵を切る、それが教師の専門性なのである。

その専門性を高めること、それが教師にとってもっともやらなければならないことだが、そのために大切なのが「授業をリフレクションする経験」つまり、「内省的実践」を継続的に行うことである。すでに述べたことだが、「反省的実践家」という専門家像を表す言葉があるが（51ページ参照）、その言葉通りに、謙虚に、しかし熱い思いを抱いて、率直に自分自身のありようをみつめていくことが大切だ。そこで「みえてきたもの」が次の実践につながるのだから。

教師にとって、「自分自身への〝まなざし〟」は決定的に大切である。その〝まなざし〟によって教師である自分自身を磨いていくことができる。

6　教師同士の〝まなざし〟

教師が自分自身のありようをみつめるために「他者にみてもらう」ことが不可欠だと述べたが、それは、同僚や研究会仲間に対する〝まなざし〟をもつということにもなる。

学校というところは、大勢の子どもが育つ場だ。その子どもの育ちを請け負っているのが教師なのだが、それは、自分一人で行っていることではない。一つの学級は一人の教師で担当しているのがほとんどだが、子どもも教師も、他の学級と関係なく存在しているわけではない。学校は共同体なのだ。子どもたちも教師も、共同体にならなければよりよい学校にはならない。

大切なのは、その共同体がどのようなものになっているかという内実である。同一歩調をとらなければと、画一化することは「共同体」の真の姿ではない。しかし、かつての日本の学校では、画一化をすることが「まとまりのある学校」であると考えられてきた傾向がある。

「共同体になる」ということは、一人ひとりの存在を尊重し、一人ひとりの良さや特性が生きるようにしながら、互いに認め合い学び合うことを基盤に、組織としてのよりよい姿を目指していくということでなければならない。そして、「共同体の学校」は、一人ひとりすべての子ども、すべての教師の育ちと学びの保障を目指すためのものでなければならない。

そう考えたとき、学校でともに仕事をする教師一人ひとりが、同僚にどのような〝まなざし〟を向けているかが決定的に大切なものとなる。その際、二つ大事なことがある。

一つは、目指す方向に対する共通意識をもっているということである。そしてもう一つは、違いを大切にし合っているということである。

この二つは、相反することのように思える。しかし、この二つが共存するようにできるかどうかが、共同体構築の鍵を握っているのだ。

日本の学校には、画一化することをよしとする風潮があると述べた。それは学校だけのことではないだろう。「長いものには巻かれろ」ということわざがあるように、日本社会には歴史的にそういうものの考え方がしみ込んでいるように思う。

もちろんそれとは逆に、一人ひとりが自分の考えを主張し合い譲り合わず、てんで勝手にバラバラなことをしていたのでは、組織や集合体がよりよいものになるはずはない。それでは、その組織や集合体に属している一人ひとりが不幸になるだけである。

私が教員をしていた頃の校内研修は、研究主題を定め、研究教科を定め、授業の単元構想を共通のものとし、学習指導案も定式化し、というようにいろいろなことを統一して行う風潮があった。なかには、授業における発言の仕方や一時間の組み立て方まで揃えている学校もあったほどだ。こうして、いろいろなことを同一化することによって、決められたとおりにしていればよいという安心感が生まれるのでそれを大切にしたのだろう。しかし、その安心感は「安易に頼る体質」を増幅させることになりやすく、教師の創造性をなくさせることになる。こうして、授業とは子どもの事実に応じてその場でつくり出す創造的な行為であるにもかかわらず、定められた枠にはめこむだけのものになってしまったのだった。

私がいま訪問している学校で、研修教科を一つに定めている学校はない。子どもの学びはすべての教科の授業で生まれるわけだからさまざまな教科で取り組むのは当然だからである。研修教科を一つに定めて取り組んだのは、子どもの学びを深めるというよりも、教師の指導技術とか教科の指導法を研修するという意味合いが強かったからだろう。

どの教科で子どもの学びの深まりを目指すかを決めず、それぞれの教師の選択に任せるということは、さまざまな教科の研究授業が行われるようになるということである。そうすると、それで授業がよくなるのか、学校としての「まとまり」がつくれるのかという疑問が必ずと言ってよいほど出てくる。しかし、教科を定めず取り組む場合、そこに「理念」の共通意識があると、むしろ学校の教育はよくなる。たとえば、すべての子どもの学びを保障する、学びの深まりを図る、そのために子どもたちの協同的な学び合いを育成する、それを「理念」にしている学校で考えてみよう。この「理念」は、人間である限り、だれもが抱いていなければならないほど大切なことである。それがどの教科の授業でも実現されることになったら、子どもたちの学びは総合的に深化することになる。しかも、自らの意思で教科を選択するわけだから、「もたれ合い体質」がなくなり、一人ひとりが「自分の授業」を目指すことになる。こうして教師も子どもたちと同じように互いの授業の「学び合い」を実践することになる。そうして生まれたものこそが本質的な「まとまり」なのである。

大切なのは、「理念」について、しっかり語り合い、聴き合い、学び合って、教師全員が納得した共通意識をもてるようにすることである。そのために必要なのが、校長や教務主任・研究主任のリーダーシップだが、それがあるかないか、それはかなり大切なことである。無理に統一したり揃えたりするのではなく、違いを大切にしながら「理念」で「共同体」になるには、信念をもった信頼できるリーダーの存在が不可欠なのである。

最初からすべての教師の思いが一致することはないだろう。もしすっと一致したとしたら、それは「長いものに巻かれろ」的意識なのではないかと疑ったほうがよい。「理念」の共通意識を生み出すには、真摯に向かい合う教師同士の協議が不可欠なのだ。

こうして校内研修としての授業研究が始まったら、共通理解した「理念」具現化のために、どう授業していけばよいのかという取り組みが始まる。それは、決められた方式に当てはめるということではなく、それぞれの教師がデザインすることを大切にすることになる。学級の子どものことを最もよく知る担任が、その子ども一人ひとりの状況に合わせてデザインする。子どもに即したその創造性が、子どもの学びを生み出すことになる。授業は、一人ひとりの教師の手づくりにならなければ本物にはならないのだ。

しかし、自分だけに閉じ籠ってはならない。自分の授業デザインはこれでよいのか、そして実施した授業がどうだったか、その判断を自分だけで行うことになると、それは独断になり、もしかすると気がつかないうちに、確認し合った「理念」とは違う方向に向かっていることになるかもしれない。だから、一人ひとりの手づくりの取り組みを支え深める上での、同僚間のかかわり、同僚に対する〝まなざし〟が重要になる。校内研修に必要なのは、この「一人ひとりの手づくり」の営みと、その一人ひとりを支え学び合う「同僚への〝まなざし〟」だと考えなければならない。学校が「学びの共同体」になれば、この二つが以上のような関係性をもって両立することになるだろう。一人ひとりのオリジナリティ、アイデンティティは、共同体のつながりによってより確かなものになっていく、それが「学びの共同体」なのだと思う。

教師であるための、教師として自らを深めていくための五つの〝まなざし〟について述べてきたが、どのように感じてくださっただろうか。

このように文章化してみて、改めて、秋田先生のおっしゃった「内側から」という言葉が心に染みる。相手の「内側」をみつめる目をもつということは、相手や対象を尊重するということである。教師が「内省的実践」によって、自らの〝まなざし〟を養うには、その謙虚さが不可欠なのである。

しかし、相手、対象を、自分の視点ではなく、相手の「内側」からみるということは易しいことではない。そう覚悟して、これら五つの〝まなざし〟を、少しずつ、諦めず、磨いていきたいものである。

第5章　学校が「学び合う組織」になるとき

1　学校訪問において考える「組織」のあり方

学校訪問に際して私が強く意識していることが二つある。

一つは、私の活動は、指導ということではなく「支援」だということである。だから「アドバイザー（助言者）」というより「ファシリテーター（促進者）」であり、心情的には「授業づくりの同伴者」なのだと思っている。だから、よく使われる「スーパーバイザー」という言い方をほとんど使わず、初めのころは、「外部協力者」という言い方をすることが多かった。

言い方を「協力」とすることによって、責任を軽くしようとしたわけではない。授業をつくるのも、学校をつくるのも、その学校の教師たちである。それがどれほど大切なものであるか、どれほどの困難を伴うものであるか、どれほどの努力を要するものであるか、それを私は体験し肌で感じている。それだけに、その教師たちの努力を支える、取り組みに協力する、そういう心構えでないと私の言動は力をもたないと思ったからである。

しかし、私の学校への協力が「助言」としての力をもたなかったら、私が学校訪問する意味はなくなる。だから、心構えとしては「協力者」としながら、実際には「助言」ができるように努めなければならない。その責任から逃げてはならない。そういうことから、現在は「外部助言者」とはっきり言うようにしている。

強く意識していることの二つ目、本章で述べたいのはこのことなのだが、それは、どの学校に行っても、訪問のほとんどの時間、授業づくりに関するかかわりをしているのだが、それでも常に「学校づくり」のあり方を考えるようにしているということである。それは、学校が教師たちによる「組織」だからである。組織としてよりよく機能しなければ、授業がよりよいものにならないし、子どもに対する教育という営みが向上しないからである。だから、私は、ただ授業に対してコメントするだけでなく、学校をつくるという視点を忘れないようにしている。

2　学び合う教職員組織にすることこそ

人の集合体は個の集まりである。しかし、集合体が大きくなればなるほど内部が見えにくくなり、集合体のイメージは、あの会社はどうだとか、○○市はどうだとか、○○党はどうだとかいうような総体的なものになる。しかし、実際には、内部で集合体を動かしている人の存在があるわけで、集合体の状況はそれらの人のありようによって決まると考えなければならない。

集合体が「組織」という言い方をされるのは、集合体を形づくる人と人とを「組む」「織り込む」という意味なのではないだろうか。その組み方、織り込み方が良質な集合体が、実績を残す「組織」ということになるのだと思う。学校という組織も、全くその通りだと考えられる。

私は、学校は「学び合う組織」にならないといけないと思っている。学ぶ子どもだけのことを言っているのではない。教職員にとっても学び合うことは不可欠だということなのだ。

教師は、一人ひとり、個性と特性、その人なりの教育手法を有して存在している。そして、その一人ひとりがそれぞれに一人で授業を行っている。ということは、一人ひとりが独立していることになる。特に小学校は学級担任制のためその傾向が強く、それが学校内の分断につながることがある。「学級王国」などと揶揄されたのはそのためだ。それでは、「組織」としてよいとは言えない。断っておくが、それは学級担任制が全面的によくないということを言っているのではない。ましてや、小学校も教科担任制にすればよいというような短絡的な考え方にも賛同できない。どちらの制度がよいのかということではなく、大切なのは、どちらの制度をとろうとも、それを子どもにとってよりよいものにすることである。

一人ひとりに個性・特性・さまざまな経験があるのは悪いことではない。ただ、それぞれの学級・教師は、第４章でも述べたように、学校全体の教育と関係なく存在しているわけではない。教師は学校内の同僚と関係なくそれぞれが独自に授業をしていればよいということではないのだ。一つの「組織」なのだから、人と人のはたらきが「組み、織り込まれ」なければならないからである。

しかし、それは、機械を操作する工場のように操作の仕方を統一することではない。授業という営みが、子どもの学びをはぐくむという創造的なものだからである。どの教師も定められたとおりのやり方をしていたのでは子どもの学びに対応できない。教師の仕事は、瞬間・瞬間の子どもの状況に合わせて、それぞれの子どものなかに学びを生み出すという極めて難しい営みだからである。教師は、その任務を一人で背負わなければならない。そして、その一人ひとりが行う授業という営みが安定し、よりよいものになっていなければならない。そのために何が必要なのか、それが、学校が組織になっているということなのである。

教師は、教師になったそのときから授業者として熟達しているわけではない。では、一〇年も二〇年もの経験を積んだ教師なら熟達しているかというとそうとも言えない。子どもを対象とする授業のあり方にこれでよいという終わりはないからである。退職するそのときまで求め続けても求め切れるものではない。それほど奥の深いものなのだと言える。

しかし、終わりのないものだからと言って何もしないわけにはいかない。目の前の子どものために、そして、職業人としての自分自身のために、今よりもよいものに、少しでも子どもの学びが深まるものにするための努力をしなければならない。

それが、授業研究であり、子ども研究だと思うのだが、それは、ただ書籍を読むとか、講演を聴くとかいうようなことだけに留めておくことはできない。それより、授業をする自らの「足りなさ」に向き合うことが不可欠である。しかし、それは簡単なことではない。自分自身で自らの足りなさがみえていたらすぐ対応できるはずだが、最も大切なはずの自分のことは案外みえていないことが多い。足りなさだけでなくどこに良さがあるのかも分かっていないこともある。だから、どれだけ熱い気持ちで授業をよくしようと思っても、自分一人に閉じ籠っていたのでは殻を破ることはできない。

そのとき重要なのが、ともに学ぶ他者、尊敬する先達の存在だ。その他者で最も身近で、いつでも学ぶことのできる人、それが同僚である。それは、第４章で述べた通りである。同僚同士、尋ね合ったり、授業を参観し合ったり、協同的に授業研究をすれば、それによって教師一人ひとりが力量アップを図ることができるのだ。そして、そういう関係性が教職員間に持続的に繰り広げられることによって、学校内の人間関係が良質のものになっていく。教師たちが、笑顔で対話し、さまざまなところで支え合っていれば、それは、授業における学びを深めるだけでなく、学校内の雰囲気を明るくし、それが子どもの心のはぐくみにもつながる。学校全体の教育レベルは、こういう教職員相互のかかわりによって高まるにちがいない。

学校は「学び合う教職員組織」にしなければならない、そうでなければ「組織」としての力は生まれてこないのである。

3　学び合う教職員組織構築が難しいのは

学校を「学び合う組織」にしなければならないということはわかっていただいたと思う。しかし、その実現は言葉ほど容易なことではない。

だれもが、自分の働く所が、気持ちよく意欲的に取り組める所であってほしいと思っている。けれども、その思い通りにならないことのなんと多いことか。他者とともに生きることは喜びを生むとともに、苦しみや悩みをも生み出す。ときには深い軋轢に至ったりする。それほど他者関係は難しい、それは、だれもが大なり小なり感じていることではないだろうか。

その原因は何なのだろう。個別の出来事としてはそれぞれにいろいろとあるだろう。しかし、それはつまるところ、人はみな異なる存在だということであり、さらに言えば、感情に左右されて生きている存在だからだと言える。人はそれぞれに異なった存在だから、ともに生きることが面白いのだというように言う人がいる。けれども、どんな場合もそのように思えたらどんなによいだろうと思いつつ、多くの人は、その異なりで困惑したり悩んだりしているのではないだろうか。異なりのなかで生きることは、人にとってかなりのストレスになることなのである。

人はだれもが「自分」がどうなのかが最も心にかかることである。もちろんその度合いは人によっていろいろだろう。けれども、自分の存在が認められたり分かってもらえたりすることがうれしい反面、自分が役立っているという感覚がもてず無力感に陥ったりすることもある。自分の実際の行為がどうだったかという客観性のあるものではなく本人の思い過ごしでそうなることもある。人が集まればそこでそういうそれぞれの感情が生まれ、それがさまざまな食い違いをもたらすことになる。そしてそれが一人ひとりの内で膨張したり萎んだりする。人は、だれもが、他者との間で心を揺らしながら生きているのだ。

傷つくことを怖れたり、比べなくてもよいことで同僚と自分を比べ、時には自分自身への自信をなくしたり、逆に自己弁護意識が強くなったり、反発心が湧きおこったりしている。ときには、そういうふうにはなりたくないと思っているにもかかわらず、他者のことを妬んだり、競争心を燃やしたりしてしまう。そういう思いが強ければ強いほど、自分がみえなくなるのだけれど、一旦そういう感情が生まれるとどうにもできなくなるのだろう。

このようなことは、授業づくりや学校の組織について考える際、あまり問題にされてこなかったように思う。語られるのは、組織としての機構のあり方であったり、マネージメントのあり方であったり、取り組み方法であったりというようなものが多いように思う。けれども、実際に学校という組織のなかで過ごしてきた経験を真摯に思い起こしたとき、そういう理論的・方法的なことよりも、人の心の状態がそのときどきの状況をつくっていたと思えてならない。

4　学び合う教職員組織構築に必要なもの

感情のコントロール、人と人とのかかわりのコントロール、それができない状態になったとき、その組織は機能しなくなる。さまざまな不満が募り、他者のことを詮索するような思いが膨張するからである。そう考えると、最も大切なのは、こういう個人個人の感情への対処なのだ。

それには、人は感情の生き物であり、さまざまな思いを抱くものなのだ、人は一人ひとりみな違いを有しているものなのだ、そう思うことから始めるしかないのではないだろうか。そして、人それぞれの考えを「この人は、こういう状況に対してそう考えていたのか」と、その考えを認めるかどうかは別にして受けとることである。

しかし、それが難しい。かくいう私も、未だに反省することばかりである。だから、どんな組織であっても、嘆いたり愚痴を言ったりすることが多いのではないだろうか。そして、そういう食い違いの狭間にひっそりと身を沈めるようにして過ごす人がいるかと思うと、考え方の違いに攻撃的に出る人が現れることもある。そうなると、そこにはなんとも言えない淀みが生まれ、諦めと沈滞感が漂うことになってしまう。

この状態を鎮めるには、どんな考えに対しても「聴こう」とする「人」が現れることである。自らの考えにこだわらず、前述したように「この人はこう考えるのか」と聴こうとする人が登場することである。もちろん、それは、自分の考えに目をつぶって相手に合わせる人ということではない。それだったらそれは八方美人的対応になるだけである。そういう心配はあるけれど、一旦はどんな考えも聴いた方がよい。そうしなければ、それぞれの考えを知り合うことができないからである。そうなると、どこにどういう「違い」があるのかがみえないし、存在するかもしれない「接点」もみえてこない。「違いをこえて結びつく」には、「聴くこと」つまり「コミュニケーション」が必要なのである。

ただ、「コミュニケーション」は、双方が「聴こう」という意識にならなければ成立しないところに難しさがある。だから、話をもちかけるときは、自分の考えを押し出すのではなく、相手の考えを聴こうとすることである。それには、かなりの忍耐と包容力と冷静さと、それでいて人と人とをつなぐのだという熱意が必要だろう。

こうして、相手の言ったこと、考えていることに耳を傾けて、それぞれに自らの考えを述べ合おうとする兆しが生まれ、それが多くの人に広がれば、一人ひとりの感情が極端に淀むことにはならないだろう。違いがあることに基づいた言葉のやりとりなのだから、そこには「分かり合おう」という空気が生まれると思うからである。その組織で仕事をする何人もの人の中に、そういう契機のつくれる人がどれだけいるか、それが組織内の人と人とのかかわりの滑らかさにつながると思うのだがどうだろうか。もちろん、それはだれにとっても難しいことだけれど、そう考えるしか克服の道はない。

このように考えると、組織をよくする鍵は「コミュニケーション」なのだと言える。「コミュニケーション」はディベートとは違う。それは、起こっている事柄はどういうものなのかをはっきりさせるため、相手のことを理解するため、または自分自身をみつめるために行うものである。自分の考えだけを述べたり、相手の考えを聞き流したり攻撃したりする言葉の往来は「コミュニケーション」ではない。

人の考えに異なりや違いがあるのは普通のことだ。そう思っていれば、それぞれの「違い」はその人の考えとして受けとめることができる。大切なのは、その後である。その相手の考えを聞き流すのではなく、頭のなかで自分の考えとの擦り合わせを行う。そのとき、きっと、相手の考えを吟味にかけるとともに、自分が有していた考えをも以前とは異なる角度から考えてみることになるだろう。そういう作用によって生まれた切れ端のような考えを、素直に、丁寧に出し合って、相手と一緒になって、何かを見つける気持ちになったとき、その何かが見つかるかどうかは別として、人と人との関係性はつくられていくのではないだろうか。

組織において必要なのは、「違い」があるのが普通なのだという意識と、「違い」の突き合わせをすることで大切なものを見つけ、よりよい結果を生み出すことができるのだという考え方である。そういう意識や考え方があれば、「違い」をそのままにしないで、むしろ大切にして聴き合うことができるのではないだろうか。

それには、本当に違いを受けとめることができるか、よりよいものに向かって真摯に考えの突き合わせができるかどうか、それが一人ひとりに問われることになる。最大の障害は人の心に巣くう感情である。感情を昂らせるのも人間、感情を理性で抑えることができるのも人間なのだ。

5　学び合う教職員組織のリーダーシップ

違いの尊重とコミュニケーションということについて、それはそうだと思っていただいたとすると、では、そういう考え方の組織にどのようにしていくのかということになるだろう。

もちろんそのあり方は一つではない。こうすればできるというマニュアルはない。ただ、そういう雰囲気を生み出し、学校教育の深まりを実現したいくつかの学校を思い浮かべてみると、そこには共通する状況が存在している。それは、「人」の存在である。だれかが起点となってつくられているということである。そして、そこには、その「人」を中心とした「つながり」が生まれてくる。「人」の存在と、そこから生まれる「つながり」、それが良質な組織構築の次なる鍵だと言える。

学校において中心になる「人」と言えば、だれもが校長を思い浮かべるだろう。もちろん校長がどういう「人」であるかが重要だが、校長でない「人」の存在によってまとまっていく場合もある。どちらにしても、それは前述したようなコミュニケーションを図ろうとする「人」でなければならない。

校長というと「リーダーシップ」ということが頭に浮かぶ。しかし、私が接してきた何人もの校長を思い浮かべると、それぞれに違いがあり、だれ一人として同じだと思える人はいない。よい状態をつくり出した何人もの校長を思い浮かべても、それぞれにその人ならではの人となりが感じられたし、学校づくりの手法も異なっていた。

ただ、異なりはありながらも共通していることがある。それは、それらの校長は、だれもが、孤独に耐えながら、多くの苦悩にぶつかっていたこと、それでも、どういう組織が自分の求めるものなのかという信念とビジョン、つまり「軸」をもち続けていた、そういう人だったということである。

違いを超えて何人もの人が結びつくことは簡単なことではない。だから、強引に自分のやり方を進める校長もいる。そのほうが早いからだ。もちろん手法はいろいろあってよいわけで、多少強引になったとしてもまずは形をつくって、その後、実践を積み重ねてその形が必要になるわけを明らかにしていくということで優れた学校づくりをされた人もいる。しかし、強引に進めた多くのケースはよい結果にはつながっていないのではないだろうか。

そう考えると、違いと感情の渦巻く人間関係のなかで、どれだけ真摯なコミュニケーションを心がけるか、そしてそこから見つけ出した具体策を、教師たちが納得できるよう提示していくかということに尽きると言える。それは大変な苦労を伴うかもしれない。教職員の校長に対する扉がなかなか開かない状態のときは、しんどい孤独感を味わうだろう。

私も校長のとき、いやというほどこの孤独感を味わった。私は教職員と気さくに接し合う校長像を期待していた。けれども、ある事情によってそうなることを阻まれた。期待が強かっただけに自分は孤立しているという意識が強くなったとも言える。そのとき思った、孤独に耐えないと校長は務まらないと。

それでも、この学校を変えたいと思う心を失わなければ、教職員のことをどうこう言うことをせず、自ら心を開いて語りかけなければならないと自分に言い聞かせた。そうすれば、すぐには思いが届かなくても熱意はいつか必ず伝わると思ったからだった。

私が「説得」とか「説明」ではなく「コミュニケーション」をと述べているのは、お互いに相手の言葉に耳を傾ける「聴き合い」でしか建設的な人間関係は生まれないと思うからである。

ただ、忘れてならないのは、教職員から聴いたことと、校長が「軸」にしている考えとをどう組み合わせるかが大切だということである。簡単に「軸」を取り下げていたのでは学校を変えることはできない。しかし、何がなんでも校長の考えを押し出したのでは、聴いたことは「聴いたふり」になってしまう。

私は、どんな場合でも、何かを決めるということは、自分自身との闘いだと思っている。そして、その闘いにおいて大切なのは「決断」なのだが、その「決断」を教職員が了解できるように示すことが大切で、それには、聴いてもらったことが加味されているという実感と、校長の「見識」と「理念」が感じられることである。それが感じられないと、教職員の校長に対する「信頼」が生まれないからである。校長の闘いは、自分がそうなれるための闘いなのだ。


一方、教職員のなかに同僚から信望の厚い人がいて、その人を中心に何人もの教師たちが立ち上がったとき、学校づくりが一気に進むことがある。それは、中心になる教師が、自らの授業の事実で目指すものを示すからである。こんな授業が可能になる、こんな子どもたちが育つ、その事実がみえることで教師たちの心は動くのだ。それでも、コミュニケーションが不足すると、教職員間が分裂することもある。

その危険性を救うのはその学校の校長である。先に述べたように率先して決断していくリーダーシップを発揮するのではないけれど、中心になる教師と他の教師との関係の融和を図り、大きな分裂にならないように、絶えずコミュニケーションを図る、そういう校長である。そうすれば、どの教師も内に籠ることなく思いを交わすことができるし、昂った感情をクールダウンさせることもできるだろう。そうなれば建設的な人と人とのつながりが生まれる。クールダウンを促し、聴き合う雰囲気をつくる、そういう介在者に校長がなっている学校は、組織としての機能を発揮できるのではないだろうか。もちろんそれは簡単なことではなく、そのように努める校長の苦労と努力がしのばれるが。

「学校が『学び合う組織』になるとき」というタイトルで、その鍵は、「違いを受けとめ合えること」「聴き合うかかわりが日常的にあること」であり、そこには、「人の存在」と「人と人とのつながり」が大切であると述べてきた。

しかし、この四つの実現にこうすればよいというマニュアルがあるわけではない。人を組織するということは簡単ではないからである。結局私が述べたようにするには、自分がそうであったように、その困難さに立ち向かうしかないということなのだ。

そういう意味では、「学校が『学び合う組織』になるとき」とは、校長であれ教員であれ、それぞれが困難に向き合う覚悟をもったときなのである。なかなか進展しない困難が発生しても、その苦渋のときがなければ人と人とがつながる喜びは得られないのだと考えて、覚悟をして歩み出すしかないのではないだろうか。

第6章　私と「学び合う学び」

1　「すごい授業」との決別

(1) 憧れと挫折

私の「学び合う学び」との出会いは、「すごい授業」をしたいという憧れを捨てることによって生まれた。なぜそのとき憧れが私に存在していたのか、私の憧れとはどういうものだったのか、そして「学び合う学び」との出会いはどのようにして生まれたのか、それを語るには、斎藤喜博先生（元・群馬県島小学校長）のことから語らなければならない。

教師になってから「学び合う学び」の緒につくまで、私は一九年の年月を費やしている。その間、私がひたすら追い続けていたのは斎藤先生であった。

もちろん最初の出会いは書籍である。そのうち、そこに書かれているような授業を観たいという思いに駆られた。すると、近くの県で斎藤先生が来校される学校（神戸市立御影小学校／氷上正校長）の公開研究会が開かれるという情報がもたらされ、私は喜び勇んで参加した。その日、私は、大勢の参加者に混じって授業を参観し、広い講堂の後ろの方から斎藤先生の豆粒のような姿を目にしたのだった。御影小学校の公開研はそれ以後数年続き、その数年の間、私は「御影詣で」を繰り返し、同校の氷上正校長から個人的な指導をいただけるまでになったのだった。

やがて私の気持ちは公開研に参加するだけでは収まらなくなった。自分の授業を斎藤先生に観てもらいたいという願望が芽生えたからである。しかしそれは、三重の一小学校に勤める私には不可能なことだった。にもかかわらず、日を重ねるうちその思いを抑えることができなくなっていく。諦め切れなくなった私はとうとう行動を起こした。実施した自分の授業を文章にして斎藤先生の下に郵送したのだ。無謀なことだった。失礼なことだった。ところが、その原稿が斎藤先生の個人雑誌『開く』に掲載されたのだ。突然送られてきた『開く』を手に私の心は震えた。それを契機に、私の斎藤喜博熱はいっそう高まり、先生を中心に開催される「教授学研究の会」に毎回参加し、ときには実践発表をさせていただくまでになった。

そのうち、私の心に湧き起こったのは、公開研究会や教授学研究の会で見聞きしたような授業を自分も実現したいという願望だった。その私の一途な思いは年々強くなり、いつの間にかありきたりの授業では満足できなくなっていった。

私が実践していたのは国語科の文学の授業である。ところが、私の願望は別のところにも向かう。公開研究会で行われていた子どもたちの合唱、とりわけオペレッタに心が奪われたからだ。自分の学級・学校の子どもたちにもあのように歌わせてみたい、音楽の専門的素養もないのに、私は憧れだけで走り始めた。「すごい授業」とともに「すごいオペレッタ」の実現にも向かって。

オペレッタに取り組み始めて六年目、一九八四年のことである。その年担任していたのは五年生から持ち上げた六年生だった。二年続きの子どもたちということでもあり、歌うことに対する私の要求は高くなっていった。褒めることが少なくなり、次々と技術的なハードルを上げた。すると、一部の子どもの気持ちが歌うことから離れ始めた。そしてそれが少しずつ広がり始め、やがて私がどれだけ熱意を込めてもその熱意に逆流するかのように子どもの声から彩りが失われていった。

もともと私は自ら望んで教師になったのだった。戦争で父親を亡くした私は、内向的で、人前で話すと吃音が出るような子どもだった。そんな私に温かく接してくれる先生がいたことでいつの間にか教師を志すようになった。

赴任したのは漁村の小さな小学校。私の心は笑顔で私を取り囲む子どもたちによって癒された。すると不思議なもので、私の語る言葉からいつの間にか吃音が消えていった。内向的で他者関係が築けないコンプレックスを抱えていた私が、少しずつ他者に対して自分を開いていけるようになったのだ。

私は、子どもたちと生活することに幸福感を抱いていた。そんな私が、オペレッタの取り組みにおいて子どもたちに背を向けられたのだ。

そこまでの状態になったとき、ようやく目が覚めた。憧れたことが間違っていたわけではない、よりよいものを求めて取り組むことが間違っていたわけでもない、しかし、授業もオペレッタも子どもたちとの共同作業だったのだ。それなのに私は、独りよがりになっていた、自分の憧れを早く実現したいと急ぎ過ぎていた。ある時期まではその辺りのバランスはとれていたのに、いつの間にか子どもたちに寄り添おうとする感覚を鈍らせていたのだ。つまり、私の「すごいオペレッタにする」という願望は、教師のエゴにしか過ぎないものに成り下がっていたのだと言える。

私は、子どもの心情にもっと早く気づくべきだった、そしてその気持ちを尊重すべきだった、そう悔いた。私が深く落ち込んだのは言うまでもない。

子どもたちが卒業するまで、私は悶々とした日を過ごした。そして一つの決心をする。それは、あれだけ意欲を燃やしていたオペレッタをそれ以後やめるということだった。私はどんなことがあっても変わりたいと思った。そして今変わらなければ一生変われないとも感じた。変わるには、大切にしている何かを捨てなければならない、今の自分を形づくっている何かと決別しなければ、新しい自分は生まれない、そう自分に言い聞かせた。国語の授業として行う「文学の授業」をやめるわけにはいかない。それならやめるべきものは決まっていた。オペレッタだった。

私は、子どもに背を向けられることがどれほど寂しいものか、その痛みをしみじみ感じた。教師になって初めての挫折だった。その挫折のなかで、私のからだのなかで広がっていったのは、子どもの声が聴ける教師になりたいという思いだった。今、思えば、それこそが私の「学び合う学び」の出発点だったと思う。

(2) 子どもから学んで気づく

挫折の翌年、私が受け持った子どもたちは四年生。とにかくよくしゃべり、じっとしていられない動的な子どもたちだった。「聴く」とはどういうことか知らないのではないかと思うほどの騒がしさで、さすがの私もあきれるしかなかった。

こうして私の苦悩の日々が始まった。四月、五月と、なんとか落ち着かせようと私はさまざまな手立てを講じた。その効果もあって、どうにか授業らしい体裁は保てるようになってきたけれど、子どもたちの「根」のところにあるものは変わっていなかった。

その二か月間、私の心のなかには、前年の学級で味わった挫折感が漂っていた。そして、「子どもの声が聴ける教師になる」という自分自身の課題が横たわっていた。けれども、声を聴くにも聴けないほどの子どもの言葉の量とパワーに圧倒されてしまっていたのだった。

私は、そんな子どもたちを前に、一筋縄ではいかない、急ぐな、落ち着けと自分を諌めることとなった。そして、あるとき、ふと思った、この子どもたちは、子どもの声が聴ける教師にならなければと本気で歩み出そうとする私に、いい加減な気持ちではそれはできませんよと神がお与えになったのではないかと。

私は、この一年間、「すごい授業をつくりたい」という思いを封印し、一筋縄ではいかない子ども一人ひとりを「みる」、少しでも一人ひとりの声に「耳を傾ける」、そうするように心がけようと思った。そして、私の指示通りやらせるのではなく、子どもの考えを知ってからどう取り組むかを示すようにしていった。

そうすると、思いもかけない出来事が次々と生まれ始めた。勝手なおしゃべりをしていると思っていた子どもたちから、学びの中心につながるような考えがいくつも出てきたからである。最初、私は耳を疑った。けれども、そういうことが何度も生まれたことによって、騒がしくおしゃべり好きというのは外見上のことであって、実は、一人ひとりの内には、こんなに良質の気づきや考えが存在しているのだという確信を抱くこととなったのだった。

体育の時間に行った「腕立て開脚とび」という跳び箱運動において、グループになって取り組んだ子どもたちは、それまで跳べなかった仲間をどんどん跳べるようにしていった。ただ、そんな子どもたちでも、からだの小さな一人の女の子だけはどのようにやってみても跳び越せるようにできなかった。私は、跳べないのがその子一人になったこともあり、なんとしてでも跳べるようにしてやりたい、ここは私の出番だと思い、休み時間、放課後も使って指導した。けれども、どうしても跳び越すようにはできなかった。

それは六月下旬の体育の時間のことだった。授業の直前になって、急な用事で市役所に行かなければならなくなった。そこで、授業を別の先生に任せて出張した。そうしたところ、子どもたちは、来てくださった先生に頼み込んで、その時間に行うはずだった跳び箱の取り組みを自分たちで敢行したのだった。それは、最後になったその子も跳べるようにしたいという私の思いが、いつの間にか子どもたちの願いにもなっていたことを表していた。

これは子どもたちに聞かされたそのときの出来事である。彼女が跳び箱に向かって走り出すと、どのグループもその子の跳躍に注目した。そして、授業時間がもう終わるという最後の跳躍で、一人の男の子が叫んだのだという。「みんな、Sちゃんの横に一列になれ！　そしてSちゃんがスタートしたら一緒に走ろ！」と。

助走を開始する女の子。横一列になって走り出す三四人。……そしたら、その子、跳べちゃったというのだ！　「わあーっ！」と歓声が起こる。そして、みんなが、信じられないとでもいうような表情でマットの上にちょこんと立っているその子の周りに駆け寄っていったのだ……と。

私は、この事実を子どもたちから聞かされたとき涙が止まらなくなった。騒がしく落ち着きがない困った学級、というレッテルを貼られかねない子どもたち、私までもそのように思い込んでいた子どもたち、その子どもたちが、私のできなかったことをやってのけたのだ。

この出来事は、自分を変えなければと思っていた私に、大きな決心を促すこととなった。「子どもに要求する」という私がオペレッタの取り組みで行ったことでは決して生まれない、生き生きとした表情・喜び・感動。その素晴らしさを噛みしめたとき、これから私が目指さなければならない「学び」のあるべき姿は、この子どもたちが成し得たようなものだと確信したからだった。

(3) 子どもの考えから出発する学びへの転換

跳び箱の授業で生まれた出来事は、私が授業をどう変えなければならないかを明確にした。それは、「授業を、子どもの考えから出発する学び」に転換することだった。そして、そのための具体策は、「子どもの言葉を聴く」ということだ、私はそう心に誓ったのだ。

この転換策は、どの教科の学びにも共通する。「学び」は、教師の指導を受けて生まれるものであっても、ただ教師から出されることを受けとることだけで成立するものではなく、子どもの思考と取り組みによって子どもの血となり肉となる。つまり、「学び」とは、一方的に外から与えられるものではなく、学習者が内から生み出すものであり、教師の指導はそれを促進するためのものなのだ。

そう気づいたとき、それまで行っていた「文学の授業」をどう変えればよいかひらめいた。それは、文学作品のそこここの言葉について、描かれている状況について、教師である私が発問し、その発問されたことについて子どもに答えさせるという授業ではなく、子どもが作品から読みとったこと、感じたことが学びの場に出され、その「読み」に基づいて作品の世界をより深く読み味わっていく、そういう学び方である。

この授業転換は、思いついてすぐ実施できたわけではない。そのとき担任していた四年生の学級において、私は、部分的な試行をいくつか実施した。そして、いくつかの手ごたえを得た。その翌年度、別の小学校に転勤、その学校に私が在籍したのは三年間だけだったのだが、新しく構想した「文学の授業」を、その三年間で本格的に実施したのだった。

一九八八年五月上梓した『子どもとともに読む授業――教師主導型からの脱却』(国土社)は、その一年目と二年目に行った授業をもとに著したものである。その書の「はじめに」で、私は、次のように記している。

――この授業の中で子どもたちは何を考えていたのだろう。ひょっとすると子どもたちは、わたしの意図にそって読まされていただけではないのだろうか。

授業が終わる度にこんなことを感じるようになったのは、四年前である。その年わたしは、わたしの属する「国語教育を学ぶ会」の授業研究会で公開授業をしたのだが、その授業に対して、「子どもからすごい発言が出ているのに、教師が感動して聞いていないし、その発言が生きるような授業展開ができていない」という厳しい批評を受けてしまった。

教師が一方的に指導するのではなく、子どもの読みを大切にしようと、「個人学習」の取り組みを始めたのはかなり前のことである。そういう意味では、授業のなかの子どもというものを、わたしはかなり前から意識していたことになる。けれども、この日の批評から分かるように、それは、教師が解釈し発問や授業展開を考えるという教師主導型から完全に脱却したわけではなく、子どもの読みをわたしの考える授業展開にいかに組み入れるかということだけだったのだ。——

ここに記しているように、私の模索は、オペレッタ挫折より前から始まっていたことが分かる。そのことが分かる事実がある。

斎藤喜博会いたさで出かけた御影小学校だったが、何年にもわたる「御影詣で」によって、御影小学校校長だった氷上正先生から直接指導を受けるまでになったことは前述した。その氷上先生に初めて授業を見ていただいたのは、一九七四年、教師になって七年目のことである。

私の授業は、学校の全教員が参観する研究授業として行われた。その事後の協議会の席上、氷上先生がおっしゃったコメントは、私にとって衝撃的なものであった。

「学習指導案に書かれている〈教材観〉はよく書けています。けれども、子どもの読みは深まっていません。それでいて、石井さんは指導案に書かれていることにこだわっている。授業になったら、教材解釈は忘れなさい」

恥ずかしながら、そのとき、氷上先生がおっしゃったことの意味が理解できなかった。私が学習指導案に書いた解釈にこだわっていたことは自分でも分かっていた。しかし、「授業になったら忘れなさい」とはどういうことだろう。その日まで、教材解釈について添削までして指導してくださったのに、その教材解釈を忘れる、いったい何のための教材解釈なのだろう、私の頭は混乱した。

解釈を深めるということは子どもの読みを深めるためのものだろう。それに対して、その解釈にこだわってはならないということは、子どもの読みを生かすということだろう。そこまでは理解できる。しかし、「忘れる」ということがどうしても腑に落ちない。

こうして私は、「子どもの読み」を生かすということと、高い解釈に行き着く「すごい授業」実現との狭間で揺れることになったのだ。その揺れが、オペレッタ挫折のこのときまで続いていたということになる。

その揺れに一つの決断が生まれた、そのことについて、前掲の『子どもとともに読む授業』の「はじめに」において次のように記している。

――子どもたちはわたしが教えようとしなくても、子どもたち自身で作品に向かうものだし、ときには教師を超えた読みをするという確信のようなものが生まれてきた。それはある意味、子どもに対する信頼と言ってもよいかもしれない。そして、授業は、そういう子どもの読みや疑問を出し切らせ、それを共有しあって、深く吟味していくものでなければならないと思うようになった。そして、そういう授業では、教師は一方的な指導者であってはならず、傍観者であってもならない。子どもとともに読む追求者でなければならないのだ。――

この、私にとっての「新・文学の授業」は、高度な手法で行うというものではない。文学の授業に対して新しい授業過程を提起しているわけでもない。オーソドックスなものである。ただ、はっきり打ち出したことは、「子どもの読みから出発する」という一点である。どうしても跳べなかった仲間を跳べるようにできたように、言葉では説明できないけれど、子どもたちには私たちの想像以上のことを成し遂げる何かが存在しているのではないか。それを信じ、どこまでも子どもの読みから出発することに徹しよう、そのように考えたのである。とは言っても、それは子どもにすべて任せてしまうということではない、子どもを信じ、子どもから生まれる読みを大切にする、それでいて文学の味わいが深まるようにしたい。それには教師の役割が必要になるはずだ。だから私は、この書の書名を『子どもとともに読む授業』にしたのだった。

ただし、このとき私は、まだ「学び合う学び」という言葉を使っていない。それは、このときの私の考えがどの教科においても通じるものとは考えられていなくて、文学の読みという狭い範疇のものでしかなかったことを表している。


この書を出版した翌年度、担任した五年生を最後に、私の授業者としての幕が下りることとなった。市の教育委員会事務局に勤めることとなったからである。

その後、五年間の教育委員会勤めを経験し、教頭として学校に戻り、五年間の校長勤め、その間に教育委員会に戻っての教育次長勤務二年間を挟んで、退職をしたのは二〇〇三年だった。それは、五年生の子どもたちと過ごした教室を離れてから一四年後のことである。

(4)「子どもの読みからの出発」という考え方に存在する意味

この私の授業の転換は、後から実感したことだが、起こるべくして起こったことだった。そう気づくことができたのは、この転換期に、その後の私が大きな影響を受けることになる人と出会ったことによる。当時三重大学に赴任された佐藤学先生（現・東京大学名誉教授）である。

オペレッタ挫折の一年ほど前のことだった。突然、佐藤先生から学校に電話があった。用件は、私の授業を参観しビデオに撮らせてほしいというものだった。もちろん私にとっては面識のない未知の方だったのだが、私は二つ返事でお受けした。というか、うれしかったのだと思う。「教授学研究の会」に参加していたことは前述したけれど、そこは、斎藤先生を筆頭とする学校の実践者と、何人もの大学の研究者とが、一つになって協議・研究する場だった。そういう状況に身を置く経験をしていただけに、我が三重県内でそのようなつながりができるということの幸運を喜ばずにはいられなかったのだ。

これを皮切りに、私は佐藤先生とのつながりを深めていく。自分の授業を観てもらうだけではなく、連絡を取り合って他校の研究会や授業研究の集まりに一緒に出かけたりしたからである。大学の佐藤先生の部屋にも何度か足を運んだし、私が属する「東海国語教育を学ぶ会」に来てくださることもあった。

こうして私は佐藤先生とのつながりを得ることができたのだが、それは、教師になって以来追い続けてきた斎藤喜博先生との延長線上での出会いではなかった。むしろ、私の愚かさゆえ挫折し、そこからの新たな授業づくりの構築に迫られている、そのときに現れてくださっての出会いだったのだ。けれども、後に、私にとっての斎藤先生から佐藤先生への連続性は必然的なものだったのだと気づくこととなる。その気づきは、私に一つの感慨をもたらした。

私が斎藤先生の書と出会ったのは『斎藤喜博全集』だった。その第一、二巻にそれまでに発刊されていた五つの著書が収められていた。それらは、斎藤先生三〇代における著作である。そこには、主に、初任から何年間か勤めた玉村尋常高等小学校における瑞々しい実践が収められていて、その一つに「玉村における合科教育の実践」という記録がある。当時、玉村小学校の校長であった宮川静一郎氏が推進していたのが合科教育だったからなのだが、全集を読み始めた頃の私は、そこのところについて気にも留めないで読み流していたのだった。

佐藤先生と出会ってから一七年後の二〇〇〇年、稲垣忠彦先生の『総合学習を創る』（岩波書店）が刊行された。二〇〇二年から新しく「総合的な学習の時間」が実施になることに向けてのものだった。その第Ｉ章、「総合学習の歴史」に、「総合的な学習」は学習指導要領において新しく登場するのだけれど、実は、ずっと以前から、教科横断総合的に学ぶ授業が行われていたことが書かれていた。そこに「合科学習」が登場しているのである。

「合科学習」は、一九二二年頃、奈良女子高等師範学校附属小学校主事の木下竹次氏によって実践・提唱されたものである。それは、一九一七年頃から行われた大正自由教育とか大正新教育と呼ばれているものの一つである。

大正自由教育と言えば、澤柳政太郎氏が一九一七年に創設した成城小学校に端を発し、野口援太郎氏の池袋児童の村小学校や玉川学園、自由学園といったいくつかの私立学校で行われたものだが、木下氏の「合科教育」は公立の学校での実践である。

前出の稲垣先生の書に、全国のどこの学校でそういった教育が行われていたかを記した日本地図が掲載されていた。それは、驚くべきことに北海道から九州まで四八校に及んでいた。その地図を見たとき、私は、ふと、斎藤先生に「玉村における合科教育の実践」という記録があったことを思い出した。そして気づいた、そうか、稲垣先生の本に掲載されている四八校には含まれていないが、大正自由教育の波が、群馬の玉村小学校に及んでいたということなのだと。斎藤先生は、その教育の系譜に位置する宮川校長の学校に赴任し、教育への情熱を掻き立てて実践されていたのだ。

そこまで分かったとき、佐藤先生がジョン・デューイの研究者だという重大なことを思い出した。デューイは日本の大正自由教育に多大な影響を与えたアメリカの哲学者、教育者である。その大正自由教育の波のなかに存在していた小学校に斎藤先生は赴任し、合科教育の実践記録も残しておられる。それ以後、私の知る限りでは、斎藤先生の業績にデューイに関することは出てこないから、斎藤先生とデューイを結びつけるものはそれ以外にはないのだけれど、佐藤先生と斎藤先生の接点がここにあった、そう気づいて私は個人的な感慨に浸った。

デューイの、『子どもとカリキュラム』(一九〇二)という書のなかに次のような一節がある。

——学ぶということには、内部から発生して有機的に同化するということも含意されている。文字どおりわたしたちは、子どもの側に立ち、子どもから出発しなければならない。学習の質と量を共に決定するのは、ほかならぬ子どもであって、教材ではないのである。——

「子どもの側に立ち、子どもから出発しなければならない」、それは、痛みを伴うなかで私のなかに生まれた気づきだった。それと同じことが、経緯も内容もその深さも異なるけれども、デューイの書に書かれていた。そう気づくまでの私の歩みに斎藤先生がいて、気づいたそのときに佐藤先生がいてくださった。何という奇跡だろう、自分のことながら私は感動した。

あのオペレッタ挫折は、起こるべくして起こった「必然」だったのだ。そして、挫折のなかから、「子どもの読みから出発する学び」という目指すものを見つけたのも、なるべくしてなったことだったに違いない。

2 「学び合う学び」との出会いと深まり

(1) 「学び合う学び」始まる

二〇〇三年、それは私が退職した年である。一九八九年に教室を離れて以来一四年後のことである。その間、私は、授業づくりへのかかわりを止めることはなかった。管理職として学校内にいたときは当然その学校の授業にかかわったし、教育委員会勤務においても、指導主事として授業へのかかわりを行っていた。

しかし、退職すれば、そういうわけにはいかない。ところが、私の授業づくりへのかかわりは退職後の方が濃密になった。「外部助言者」として各地の学校を訪問するようになったからである。とは言っても、退職を間近に控えた頃は、「外部助言者」として活動する予定はあったけれど、それでどれだけのことができるのか不透明で、いよいよ一つの区切りを迎えるという思いになっていた。

退職が間近に迫ってきた冬季休業日、私はしんとした校長室でもの思いにふけっていた。それは、退職という区切りをどのように迎えれば自分らしいか、ということだった。改まって考える余裕がそれまではなかったからこの日になってしまったのだけれど、後三か月のところまで来て考えざるを得なくなったのだ。

いろいろ考えるうち、自分の退職への区切りということではなく、もっと意味のあることをしたいと思うようになった。そして、決めたのは自費出版の本をつくることだった。私がずっと取り組んできた「学び合い」に関する本である。それなら、多くの人に喜んでもらえる、そして「私の考える授業づくり」が引き継がれることになるかもしれない、そう思ったからだ。

思い立ったらすぐ始めた。公務をしながらなので、校長室では作業できず、自宅に帰ってから、または休日に少しずつ進めることとなった。突貫工事だった。こうして、本は三月末の退職とともに完成した。『聴き合う・つなぐ・学び合う』という書である。自分でキーボードをたたき、印刷、製本を知り合いの印刷所に発注して完成させたものだった。

その本で、私は初めて、それまで使ったことのない「学び合う学び」という用語を使った。

第Ⅰ部の冒頭、私は、次のように記している。

——「学び合う授業」は、子どもの側から言うと「学び合う学び」です。——

このときになって、「学び合う学び」という言い方にしたのは、それが、私が実践していた「子どもの読みから出発する学び」にぴったりだと思ったからである。一人ひとりが自分の読み味わいを探せたとき、子どもたちは読むことに喜びを感じる。しかし、どう読めばよいかわからなくなる子どもは自分一人では、納得する読みが生まれてこない。そんな子どもにとって何が必要かと言えば、だれかに尋ねることであり、だれかとともに考えることだろう。

一人ひとりに生まれた読みが、子どもたちの間で出し合われ聴き合われれば、一人では感じとれない読みが浮かび上がったり、気づいていなかった発見が生まれたりするにちがいない。だから、「子どもの読みから出発する学び」には「学び合い」は欠くことのできない学び方なのだ。

そのように行う「学び合って読む」という行為は、教師の教えを受けて進めるものではなく、子ども自身によって行われるべきだ。そう思ったとき、「授業」ではなく「学び」と表現したほうがぴったりする、そういう思いが浮かび上がったのだった。

ところで、その「学び合う学び」という用語を初めて用いた書名を、なぜ「聴き合う・つなぐ・学び合う」にしたのかということだが、「学び合うという学び方」にとって、「聴き合う」ということと「つなぐ」ということが不可欠だということをはっきりさせたかったからである。

授業に「学び合い」を取り入れることは、私だけでなく多くの教師の間で以前からやられていたことである。しかし、そこで行われる行為は「話し合い」だと考えられてきた。だから、教師は、「話し合っていきましょう」と子どもたちに呼びかけた。そのとき、どこの教室でも課題になったのは「発言する子どもが偏る」という状況だった。そして、何人もの子どもが、その「話し合い」を傍観的に眺めているだけになるという問題点が生まれていた。

なぜだろうか。そう考えて気がついた。「話すこと」が軸になっているからだと。一部の子どもが話すことに夢中になると、その話し合いに参加する子どもと参加できない子どもに分断されてしまう。だから、大切なのは話すことではなく「聴くこと」なのだ。自分の考えを聴いてもらうために語るのはよい。しかし学びが生まれるときはだれもが聴いて考えているのだ。聴かなければ学びは生まれないのだ。それを表すため、書名の最初に「聴き合う」という言葉を置かなければならない、そう気づいたのだ。

しかし、「聴く」だけでは読みは深まらない。考えも深まらない。それには、聴いたことをどうしていくかということが大切だ。他者と考えを出し合うことがだれもの深まりになるとき、そこにどういう作用が生まれているか。そう考えたとき、それは「つなぐ」ということ以外にはないと思われた。出される読みや考えを聴くことで受けとめ、受けとめた考えをだれもが自分の考えと「つなぐ」、そうしてどのようにつなげたかを聴いてもらう。そういう「聴き合い」と「つなぎ合い」が積みあがっていくことによって、子どもたちの学びが深まっていくからである。

しかも、その学びは、教師の発問によって組み立てられるということではなく、子ども同士のかかわりによって進まなければならない。子どもたちのかかわりを促進し、そのことによって学びが深まる方向に進める、教師の働きはそうでなければならない。軸は、教師の発問なのではなく、子どもの「聴き合い」と「つなぎ」なのだ。「学び合う学び」という用語には、そういう私の考えを込めたのだった。


その折も折、文部科学省から「アクティブ・ラーニング」という用語が出された。子どもがアクティブに学ぶ学習という意味だと思われたが、それを知ったとき、それこそ「学び合う学び」だと思えた。ところが、教師たちの間で、そういう深い意味が考えられることなく、とにかくグループにして話し合わせればよいというような安易な考え方が出てきてしまった。その結果なのかどうかは分からないが、それまで使われていた「アクティブ・ラーニング」が「主体的・対話的で深い学び」という言い方に変わったのだった。

その学習指導要領の実施は、令和二年度からだった。ところが、よりにもよってその年に、世界中に新型コロナウイルスが蔓延し、日本の学校もその対策に翻弄されることとなった。それ以降、コロナ禍はなかなか収束せず、今もって感染者は出続けている。しかし、令和四年度になってウィズ・コロナの方針が出されたことから、学校教育も少しずつ制限が取り払われることとなった。

ただ、私のかかわっている学校においては、もちろん万全にというわけにはいかなかったけれど、「学び合う学び」の取り組みをやめることはなかった。どのようにすれば、理念に適う学びにすることができるのかと常に考えてくれたからである。

しかし、本年（二〇二三年）度、コロナが一定の落ち着きを取り戻したことにより、どの学校においても、「主体的・対話的で深い学び」への取り組みを再スタートさせることとなった。それだけに、今ほど「学び合う学び」が必要されるときはないのではないかと思っている。

(2) ペア・グループ、「ジャンプの課題」重視へ

私が「学び合う学び」という用語を使い始めて二〇年になる。その間に、かなり変化してきたことがある。それは、ペア・グループによる学びへの比重をかなり大きくしたことである。それは、「主体的・対話的で深い学び」の登場によって、さらに顕著になった。いまや、ペア・グループをしない授業はなくなったと言ってよいだろう。

ここではっきりしておかなければならないのは、なぜ、そういうふうに変わってきたかということである。

最も大切なことは、すべての子どもの学びを保障するためだということである。全員の子どもに対して教師が一律に学ばせる一斉指導型授業形態では、教師の指導したい方向に分からせていく授業になりやすい。そうなると、子どもの内に生まれている分からなさや間違い、それゆえに生まれる困惑感に気づかないまま授業を進めてしまうことになる。またそれとは逆に、積極的に発言しようとしない子どものなかにとてもよ

い考えが生まれていることもあるが、そういうよいものが埋もれてしまうことにもなる。どんなに熱心に、どんなに気配りをしても、少しは改善できるだろうけれども、大勢の子どもを一律に学ばせればそういうことになる。

そうではなく、すべての子どもがそれぞれに学びを深める授業にしなければならない。教師から一方的に教えられるのではなく、どの子どもも自らの分からなさに取り組める授業にしなければ、すべての子どもの学びは保障できない。

だからと言って、教師が教えることを控え、一人ずつ別々に取り組ませればよいかというとそれではよい結果は得られない。それだと、分からなさを増幅させる子どもを生み出してしまうことになるからである。では、だれもが分からなさや気づきを出せて、それをもとに学びを深めていける形態、それはどういうものか、そこまで言えば分かっていただけるだろう。それが、子ども同士で学び合うペア・グループなのである。

しかし、ペア・グループを活用する良さは、それだけではない。もちろん、すべての子どもの学びを念頭に置くことはとても大切なことである。ただ、そのことが具現化できるとともに、さらに実現できることがある。それは、学びの深まりにつながるということである。

少人数で、しかも子どもだけで考えることで学びが深まる、本当にそういうことになるのだろうか、それよりは、教師がきっちり教えていったほうがよいのではないか、そう思われる方はきっとおられるにちがいない。

自分のこととして考えてほしい。分かりやすく教えてもらったことと、苦労していろいろとやってみて理解できたことどちらが身になったか。一人だけで考えたことと、何人かで考えを出し合いながら取り組んだことどちらが良いものを生み出せたか。もちろん一概には言えないとは思うが、人は、どんなことであっても、自ら取り組んでつくり出すものの方が、思い入れが強く自らを高めることができるし、一人だけでつくり出すものよりも何人かが知恵を出し合ってつくり出すものの方が、「三人寄れば文殊の知恵」という諺があるように、よりよいものができるということが多いのではないだろうか。

以上二つのことは、第1章の冒頭に掲げた「授業づくりの三つの軸」と合致することである。つまり、ペア・グループは、すべての子どもにという「平等性」の意味でも、学びの深まりという「卓越性」の意味でも、欠くことのできないものなのである。

もちろん、ペアやグループにすれば、それだけですべてがよくなるわけではない。指導はしなければならない。そのためには、教師は、子どもたちの声を聴き、表情をみつめ、子どもたちの聴き合い方を育てるとともに、とらえた子どもの考えから学びを組み立てなければならない。

そう考えると、ペア・グループによる学びを行うということは、一斉指導型授業とは異なる心の配り方や学びの組み立て方が教師に要求されるということになる。それは、これまでの指導法では対応できないことである。教師にはその自覚が不可欠である。

私のかかわっている学校では、今やペア・グループなしでは授業は組めなくなっている。それはそれだけペア・グループの質が上がっているということになる。

落ち着いた空気の流れる教室、グループになって聴き合う子どものしっとりとした声が心地よく流れる。

本質的な聴き合いになると、こんなにも子どもの声は落ち着くのだと感心する。

それでいて、できなかった問題が解ける、考えもしなかった新たなものが生まれる、そういうときには、はじけるような笑顔が生まれる。

算数の苦手な子どもが、身を乗り出して「ねぇ、ここ、これでいいの?」と尋ねている。それに対して、「ちょっと見せて」と言ってその子のノートをのぞき込み、「ここ、ここはどう考えたの?」「それならこうなっちゃうよ」と、その子のしていることに応じて問題を解決するためのやりとりをしている子どもがいる。「うん」とうなずいて、懸命に考えを進める子どもの表情がいい。

この教室には、「諦める」「投げ出す」という言葉がない。そこにはきっと、できる、分かるという結果よりも、学びに向かい続ける行為こそが人間として最も尊敬すべきことなのだという理念が存在している。その理念があるから、できないことに挑む仲間をリスペクトするようになるし、分からなさから生み出される気づきから学べるようにもなる。「分からなさは宝物」「分からないから学びが生まれる」、そんな実感は、リスペクトし合う者どうしのかかわりが生み出すものだ。ペア・グループによる学びにはこんなにも大きな意味がある。

そうした子ども同士のかかわりも、ペアやグループが板についてきたからできることだ。「主体的・対話的で深い学び」の「対話的学び」ともつながり、今や、「学び合う学び」=「ペア・グループの学び」と思われるほど、少人数による子ども同士の学びが定着してきている。もちろん、だからと言って全員の対面による学びは必要ないということではない。ペア・グループの学びと全員の学びとをどう有機的に組み合わせるか、それは大切なことである。

ここで忘れてはならない重要なことに触れておかなければならない。グループでの取り組みと対にして実施されるようになった「ジャンプの学び」についてである。

「ジャンプの課題」による「ジャンプの学び」は、佐藤学先生の提唱によって始まった。先生の著書によると、通常、「学びの共同体」の学校の協同的学びにおいては「共有の課題」と「ジャンプの課題」の二つの課題でデザインするとしている。そして、この二つの課題について、『学校を改革する』（岩波ブックレット）に次のように示されている。

・「共有の課題」――だれもが理解すべき教科書レベルの課題
・「ジャンプの課題」――「共有の課題」の理解を基礎として挑戦する教科書レベル以上の課題

第２章で読んでいただいた算数の「かけ算」の授業は、まさにこの二つの課題でデザインされたものである。

すでに述べたことだが、私たち教師は、すべての子どもの学びの保障という「平等性」と、学びの深まりを実現する「卓越性」という二つの同時実現を図らなければならない。しかしそれは言葉ほど簡単なことではない。レベルを上げれば平等性が保ちにくくなり、平等性を保つためにとレベルを下げれば卓越性は実現しないと思われるからである。しかし、「学びの共同体」では、そのような考え方にとらわれてはいない。高いレベルの「ジャンプの課題」こそが、「平等性」と「卓越性」の同時実現を図ると考えているからである。

このことに関して佐藤先生は次のように述べておられる。「学びにおいてもっとも重要なことは夢中になることだが、〈ジャンプの課題〉はそれを実現してくれる。子どもは『わかりそうでわからない課題』において、夢中になる学びを実現できる」と。現に、私のかかわる学校でも、佐藤先生の言葉通りに夢中になって取り組む姿がみられている、しかもすべての子どもに。

なぜなのか、その答えを、「学び合う学び」を誠実に実践している教師なら簡単に口にする。子どもが夢中になれるのは、ペア・グループで「学び合う学び」ができるということがあるからだと。ひとりではできない、けれど、仲間との「学び合う学び」があれば、だれだって取り組んでいけるのだと。ペア・グループは、学びを諦めない、そして自分という存在への希望を見出す、それこそが、子どもの育ちになくてはならない、もう一つの重要点「協同性」なのである。

(3)「学び合う学び」の未来に向かって

ところで、この「ジャンプの課題」を提示しての「協同的学び」、私流に言えば「学び合う学び」だが、佐藤先生が前掲の書に次のように書いておられることを私たちは見逃してはならない。

——「協同的学び」は、ヴィゴツキーの発達の最近接領域の理論とデューイのコミュニケーションの理論にもとづいており、学びの活動を対話的コミュニケーション（協同）による文化的・社会的実践として認識し、活動的で反省的な学びを組織している。——

「学びの共同体」の学校をつくる取り組みは、いまや世界中に広がっている。二〇二三年三月に開催された「学びの共同体国際会議」に三一か国約二〇〇〇人の参加者があったということがそれを証明している。その広がりを生んだのは、デューイ、ヴィゴツキー、佐藤学という時代を超えたつながりがあったからだということを、私は今、しみじみと噛みしめている。

蛇足になるが、最後に、もう一つ述べておきたいことがある。

それは、私たちが現在、「協同的学び」「学び合う学び」として行っている形が、二〇年後、三〇年後も変わらず行われているとは言えないということである。今、私たちは、学級編成がされた一つひとつの学級における学びのあり方を、一斉指導型ではなく、子どもが協同して取り組む学びに転換しようとしている。それは、今の時代にとって、極めて重要なことである。

しかし、二〇年後、三〇年後の学校はどうなっているだろうか。やはり学級を単位とする教育のままなのだろうか。もしかすると、今のような形ではなくなっているかもしれない。最近、企業などにおいて、チームを組んで行う創造的な仕事が求められてきている状況を考えると、その傾向はさらに進むものと考えられる。そのとき、社会はどのような人材を必要としているだろうか。学校の姿はそれによって変わっていくように思えてならない。

学校は、コンピュータ化がいっそう進み、ＡＩもかなり入ってきているだろう。しかしそれは、部分的な学びに使われていて、学びの中心はもっとクリエイティブなことに、グループやチームになって自分たちの発想を生かして探究的に取り組む学びになっているのではないだろうか。それは「プロジェクト型学習」と呼ばれるものである。それが学校の学びの主流になる。

世の中の変化は激しい。それだけに、教師は、「今」をみることも大切だが、「先」をみる目を忘れてはならないのではないだろうか。

指導主事への辞令が下りて教室から離れることになった一九八九年のことである。辞令が下りる二か月ほど前、私の教室に三台のカメラが入り、私と子どもたちの学びの様子が撮影された。そして、その授業が、シリーズ授業・第1巻『国語Ⅰ』としてビデオ映像付きで岩波書店から刊行された。その書評が新聞に掲載されたのだが、そこに、教室における子どもの学びに具体的に焦点を当てたシリーズに対する評価とともに、私の記憶するところなので正確ではないが、「一人ひとりの子どもの表情に、もっと考えたい、もっと知りたいという思いが浮かんでいた。それは、こういう教室の授業形態の課題ではないか」というようなことが書かれていた。

そのときはそれほど深く考えなかったが、今にして思えば、ここには、石井という一教師の授業という狭いものではない、日本の教育がみつめなければならない課題が提起されていたのだと分かる。書評にかかれたその指摘は、まさに未来の教育を想定したものだったのだ。それだけに、その指摘をもらった私に教室がなく、授業実践ができないのは残念なことだけれど、これからの時代を生きる多くの教師たちとともに、そうした時代の変化にどう対応していくか、考え続けていかなければと思う。

ただ、どのように時代が変化しようとも、どのように学校のすがたが変わろうと、決してなくさないようにしたいことがある。それは、子どもの存在を大切にすることである。子どもの学びをこよなく尊重することである。私が辿り着いた「学び合う学び」に存在していたのは、方法的なこともあるけれど、このことをおいてなかったと思うからである。

「私と『学び合う学び』」という標題でここまで綴ってきた。教師として初任者であった頃から、外部助言者として活動する現在までを振り返ってきた。これは、まぎれもなく、私自身の体験であり、歩みである。その歩みを思い起こして、感じるのは、よくここまでつなげてきたという感慨である。吃音の孤独な少年だった私が、教師という職を得、今、外部助言者として生きている。その五六年間にここに記すことができるほどのつながりが存在していた。それは幸せなことである。

この私のつなげてきたものは、幾重にもなる変遷を遂げてきた。そのときどきの私には、自分がどの道をどのように歩いていくかという明確な予測とか見通しとかはなかったと思う。私には確かなレールなどなかったのだ。その都度、何かに夢中になり、何かにぶつかり、取り組んできただけだ。そう思う。けれども、私の歩んできた道をふり返ってみると、そこには芯になるものがあった、一貫性があった。それがうれしい。

私は器用なようでありながら、ほんとうのところは不器用である。だから、私の歩みは、他者から見ると、なんとも愚鈍で、馬鹿正直で、融通の利かないものに映るだろう。けれども、私は、それでよかったと思っている。その愚鈍さ、融通の利かなさが、ここに記した私の歩みを形づくったと思うからである。

第7章　外部助言者として生きる

「はじめに」で述べたように、私は、外部助言者として学校にかかわるようになって二〇年になる。途中で途絶えることもなくよく続けてきたものだと思う。当然のことだが、その間、さまざまな出来事があった。

授業実践者であったとき、私は常に授業の事実に基づいて考察するようにしてきた。その授業実践に対するスタンスは、外部助言者として活動する今も全く変わることはない。それどころか、私のみつめる事実は、子どもの学びを中心にしながらも、その子どもの学びにかかわる教師の事実にも及び、教師や学校の今後につながるなど重層的になり、それまでは考えられないほどの複雑さを増してきた。その複雑さを引き受ける、それが外部助言者の役割なのだが、何年たっても、いや年数を重ねれば重ねるほど、そのことの重みが私にのしかかってきている。

その間、いつも考えていたことがある。それは「自分は、外部助言者としてこのままでよいのだろうか」

「私が気づいていること、その気づきに基づいて語るコメントが、その教師や学校にとって本当に必要なことだろうか」ということだった。それは、煎じ詰めれば、「外部助言者として私は今のままでよいのか」ということである。

二〇年間には、もちろん、いくつもの悩みがあったし、それだからこそ得られた喜びもあった。それが、私の偽らない外部助言者像だったとすると、それら私自身のありようから目を逸らさず、私が行った事実は事実として噛みしめなければならない。

かなりの年齢にはなったけれど、もうしばらくは、学校や授業へのかかわりを続けていこうと思っている。そういう意味で、ここ数年のあいだずっと考え続けていた私自身の外部助言者像について、本書の最後に記しておこうと思う。外部助言者として成すこと、そこで感じている役割への重み、それらすべてが、「学び合う学び」を目指して生きてきた私自身の歩みとつながることだと思うからである。

1　外部助言者の覚悟

外部助言者がその役割を果たすには一つの覚悟をしなければならない。訪問する学校の状態を引き受ける覚悟である。もちろん引き受け切れることなどできるものではないけれど、その学校の教師たちの状況に寄り添い心を砕くことなく、外側から批判的なことを言って帰るだけの訪問であってはならない。問題点があったとしたら、その学校、その教師にとってどうすることが必要なのかと悩み考えることが普通にできなければ外部助言者にはなれない。私は、学校から依頼を受けるたびにその覚悟があるのかと自分自身に問いただした。その実行は容易なことではないからである。そして、外部助言者に基本的に必要なのは「内側目線」だと自らに言い聞かせた。

授業は、教師と子ども、取り上げた題材と子どもとのかかわり・つながりによって成り立っている。だから、教師と子どもがどう題材とつながっていくかを一刻一刻繊細に深くとらえなければ授業の実像はみえてこない。当たり前のことだが、助言者には授業の事実に対する深いみえ方が求められる。一般論がいくら語れても助言にはならない。自分にどこまでみえるのか、校門をくぐる度、そのことが頭をよぎる。

そもそも、その日だけ訪問して質の保障につながる助言をするのは難しいことである。授業を参観すれば気づくことはいろいろあるだろうけれど、表面的にみえることだけがその教師・学校の事実ではないからである。その日の授業は連なる日常の一コマに過ぎない。その一コマには、どの教師の授業であってもいくつもの背景が複雑に存在している。助言はその背景にも心を配ったものでありたい。助言者にはその背景に心及ばせる想像力が求められる。果たしてその想像力が自分にあるのだろうか。その怖さに私の胸はふるえる。

外部助言者はこれだけの大変さを自覚しながら、それでいて毅然とその難しさや大変さを引き受ける覚悟をして学校に向かわなくてはならない。それはまさに自分への挑戦である。

2　コミュニケーションを図る大切さと難しさ

いつも心がけなければならないのはコミュニケーションを図ることである。話をすることによって学校の内側目線に立て、何をどう語りどう行動しなければならないかに気づくことができるからである。けれども、それを、どのような場合でも、その場に応じて行うことは至難のことである。

コミュニケーションが必要な相手は訪問した学校の教師たちである。しかし、語り合うための場を、授業参観を主にあわただしく進む時程のなかで見出すことはかなり難しい。設けられているのは参観した授業へのコメントの場でしかない。だから、面談は、校長をはじめとする特定の人とのもので終わってしまいやすい。しかも、訪問は年に何回もないのだから、こうなるのは必然だとも言える。

さらに難しさを大きくしていることがある。それは、私の立場ゆえのものである。私は、助言者として学校を訪れる。学校側は、当然のことだが私に助言を求めている。そして、私にも、その役割を果たさなければならないという意識がある。それも当然のことである。そうすると、私が考えなければならないのは、その学校の教育に関するどのような事柄をどのように語ればよいかということになる。それは、ともに理解し合うコミュニケーションとは異なる。こういう場が毎日のように続くと、まかり間違うと「指導者的意識」に陥ることになる。そうなると、さらにコミュニケーション意識から遠ざかる。外部助言者ならだれしもこのことに悩む。

すべての教師と直接顔を合わせる機会は研究協議会である。しかし、そこでも教師たちと自由に語り合うことはできない。協議会は、同僚による学び合いの場にしなければならないからである。協議が豊かになることによって、その学校の教師たちが日常的に支え合う学校になる。だから、助言者が頻繁に話に割って入ることは避けたほうがよい。しかし、少なくとも、教師たちのやりとりに耳を澄ますことはできる。語られる一つひとつの言葉に心を傾け、それが教師たちによってどうつなげられていくかを見つめることはできる。そのとき、実際に話しかけはしないけれど、私の心の内では教師たちとのつながりをつくっている。このつながりを欠かせば必ず教師たちの現実から離れる、そうして私の助言は力をもたなくなる、私はいつもそう諫めてきた。

そういう心がけはしてきたと思っている。それでも、教師たちとのコミュニケーションが思うようにできないもどかしさはなくならない。それどころか、何かのときにふっと寂しさを感じる。それは、教師たちの悩みや課題に寄り添いたいからである。その人に合った「助言」をしたいからである。その人の育ちに役立ちたいからである。

教師たちとのつながりということでどの学校に対しても行っていることがある。訪問後に授業をした一人ひとりにコメントを送付することである。学校の要望によりビデオレターにすることもある。必要感が生じれば、特定の教師に手紙を書くこともある。もちろんこちらから伝えるだけでなく、質問が来ることもある。個人的にメールが来て、その教師の相談に応じることもある。最近は、そういう相談をオンラインで行うようにもなった。助言者の仕事は教師や学校を支えることなのだから、こうした対応を厭うことがあってはならない。訪問時における時間確保が難しいだけに、こうしたかかわりのもつ意味は大きい。

外部助言者の質は、その学校の事実にどれだけ寄り添えたかで決まるように思う。だから、私は、いつも私自身に問う、教師たちとのコミュニケーションは思うようにはできないけれど、それを補う努力を怠っていないかと。そう考えると、浮かぶのは反省ばかりである。

3　学ぶ心をもつこと

助言者こそよき学び手でなければならない。これは鉄則である。

前述したことだが、助言という学校へのかかわり方は、よほど気をつけないと、指導者にまつりあげられたり、自らまつりあげてしまったりする危険性がある。それを安易に受け入れたとき、助言に命が通わなくなる。私は、二〇年間ずっと、この危険性と闘わなければならなかった。「助言」とは読んで字のごとく「言葉によって助ける」ということだけれど、それは具体的にどうすることなのか、この日に私が行ったことは「助言」としてふさわしいものなのか、それを問わねばならなかった。それは、今も、そしてこれからも、「外部助言者」として生きる限り続くことになる。

教師たちの歩みを支えるため、そこで繰り広げられている事実をともにみつめ考えるということは、助言者も教師と同じ授業づくり・学校づくりへの挑戦者になるということである。つまり、授業をする教師は授業者として学ぼうとする学び手であるが、助言者もまた学び手になっているということではないだろうか。

私は、外部助言者になって二〇年になるが、この年月の間に計り知れない学びをさせてもらった。内側目線に立てば立つほど、授業の世界に入り込み、そこで生まれる事実に心を砕いた。それは、私自身の学びに直結した。助言者は授業者と同じくらい学んでいるのではないか、私はいつもそう思っている。

助言者が学び手であることを自覚したとき、そこに必ず謙虚さが生まれる。それは、学びに対する謙虚さ、事実を生み出す行為に対する謙虚さ、困難に挑戦することへの謙虚さである。もちろん謙虚さを有しない教師へは厳しくならざるを得ない。けれども、そうすることは自分自身に対しても厳しくなければできることではない。つまり、事実に対する謙虚さと厳しさが私のなかでいつも同居していることになる。

４　事実を何よりも大切にすること

助言は、その日の授業に表れた事実に即したものでなければならない。子どものなかに具体的な事実を生み出すために、日々教師は子どもと向き合っているのだから、授業の検討も事実を取り上げたものでなければならない。助言は、教師たちのその検討協議への支援なのであるから、助言に対してもその具体性が求められる。

授業のなかの具体的事実とは、どこで学びが生まれたか、どこで学びが滞ったかということである。それがどの子どものどの言動から分かるのか、どういう考えと考えのかかわりからみられるのかをみていくのであるから、当然子どもの個人名が飛び交う。

しかし、多くの学校がこれまでに行ってきた授業研究は、個人名の出ることの少ない、授業方法の検討会であった。子どもの事実よりも教師の教え方を検討するものだったからである。子どもの学びを深めるためには、このようなあり方を転換する必要がある。そのため必要なのが、事実を丁寧にみつめる検討会にすることであり、そのあり方を示さなければならないのが外部助言者だということになる。

私は、こういう事実があったと具体的に示すことを常に心がけてきた。メモをもとにそのときの状況を口頭で再現したり、印刷された授業記録の該当部分を指し示したりした。それより効果的なのはビデオや写真に撮影しておいてその部分を映し出すことである。そのとき、映像のなかにどういう子どもの事実、学びの事実があるのかを、教師たちに問いかけ、ともに考えるようにする。その際、映像と記録された言葉とのつながりが重要である。言葉だけではみえなかったことが映像でみえ、映像だけではとらえられなかった意味が言葉で伝わったりするからである。どの方法をとるにしても、教師たちがその事実に対面できるようにすることが肝要である。抽象的な問題提起では教師たちの心は動かない。具体的に示す。それは助言者の生命線である。

ある日、私は、その学校のすべての学級の授業を、六、七分刻みで参観していた。その最終時間に入った六年生の教室で私が目にしたのは下の図のような課題だった。教師が無言で配る用紙にそれは印刷されていた。配られた子どもたちは、用紙を手にするやいなや鉛筆を手にじっと考え始めた。

そのとき私の脳裏に走ったのは、それが「ジャンプの課題」であること、しかも子どもたちにかなりの困難をもたらすだろうということだった。

こういうとき、私は緊張する。課題に存在する「学びのツボ」は何なのか、そして、子どもたちは何に気づき、どんな難しさに出会うのか、それをとらえなければと思うからである。しかし、この緊張は私には快

問題　下のような図があります。
円の中の正方形の面積は 50cm² です。
色のついた部分の面積は何 cm² ですか。

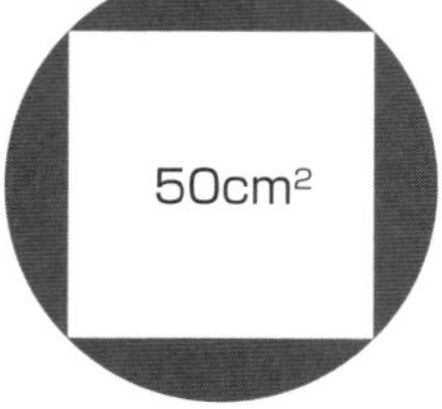

感である。私も学びの世界に浸れるからである。外部助言者としてその学びの世界がみえなければ与えられた役割はまっとうできないのだからそういう意味での緊張感がないわけではないが、グループの学び合いから聴こえてくる子どもの言葉、目に映る子どものしぐさや表情が私をとりこにする。

「これ、正方形。……これは円でしょ」「円の面積は……」「半径はこれ？」「これは、まず、正方形の縦……、じゃあ、直径か半径の長さは……」

子どもの言葉は断片的である。何をどう考えていくかという筋道はできていないのだから、とりあえず気づいたことを口にしているに過ぎない。けれど、それを聴く私の心は踊り始める。それらはすべて、「学びのかけら」だと思うからである。子どもたちは「円の面積」に目をつけている。しかも、「直径」「半径」の長さを知ろうとしている。「色のついた部分」は、円の面積から正方形の面積を引くことで求められる、だからまずは円の面積を求める、その方向にのっとっている。しかし、難しさはここからだ、円の直径をどう求めるか、そこがこの課題の肝。さあ、子どもたちはどう考えるのだろう。

「50の半分は25……」「四角（正方形）の（半分は）……25㎠」

いきなりだった、一人の子どもが正方形の面積を半分にしたのだ。私はどきっとし、その後わくわくしてくる。面積を半分にしたということは、そこから円の直径か半径を考え出そうとしていると思ったからである。

私の予想通りだった。しかし一人の子どもが描き入れた直径は、下図のようなものだった。それは確かに直径だ。では、その直径の長さをどう求めるか？　むむっ！　私は考える。手掛かりは、正方形の面積50㎠しかない。そこから子ども

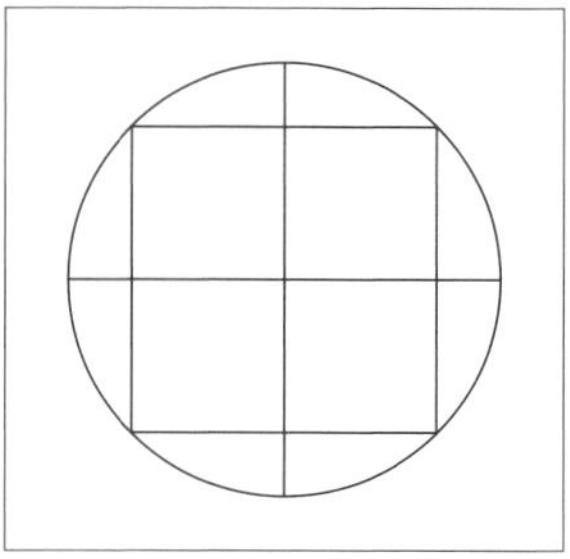

が引いた直径の長さにつなげられるのか？

私が壁にぶつかっているように、子どもたちもここから進められない。だから、「50」という数とその半分の「25」という数を呪文のように口にして考え込む。そのうち「25」をさらに半分にした「12.5」まで口にし始める。

そこまで見届けたとき、他のグループはどうなのだろうと思った。急いでいくつかのグループに行ってみる。そうしてみて分かったことは、どこのグループも「直径」の長さで止まっているということだった。私は思う。この学びの方向はよい。子どもたちの前に立ちはだかった壁は必要不可欠なものだ。

そのときだった、そうか！　私はひらめいた、正方形の面積50㎠とつながる円の直径はそこではないのだと。どうやら、そこに気づいている子どもはいないようだ。だとしたら、ここで何らかの「足場」が必要なのではないか。さあ、授業をしているM先生はどうする。……そう思い始めたとき、それまで黙って見守っていたM先生の口が開いた、「この問題で何が分かっているの？」と。子どもたちが答える、「正方形の面積が50㎠だということ」と。するとM先生がさらに尋ねる、「じゃ、どこが分かったらいいの？」と。

子どもたちが一瞬黙る。すると、先生は、前のグループの一人の子どもにタッチペンを手渡す。その子は、ペンを持ってタブレットの方へ向かう。そして、ディスプレイに表示されている課題図の正方形に下図のように対角線を引いたのだ。

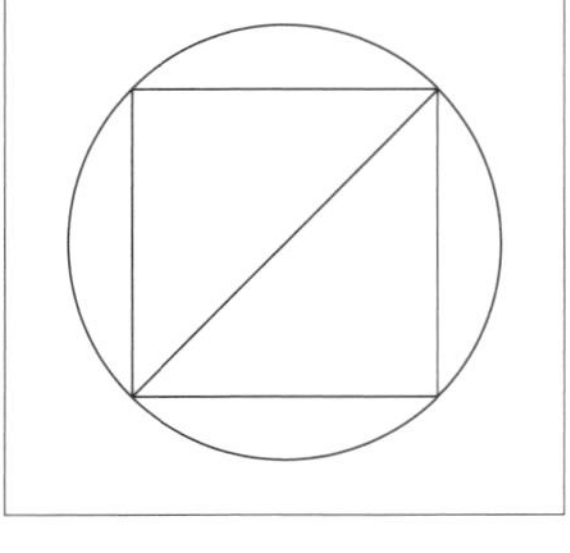

その瞬間、私は、心のなかで感嘆の声を漏らした。そうなのだ！　円の求積に

つなげるために必要な直径はこの直線だったのだ。M先生は、子どもたちの様子を見回りながら、この子がこの直線（正方形の対角線）を引いて考えていたのに気づいていた。だから、何の説明もなくペンを渡した。それは、この子なら、「どこが分かったらいいの?」という問いに応える対角線を引いてくれると信じてのことだったのだ。

M先生は、この後、「これ、何やろ?」と尋ねた。子どもたちから「対角線」と「直径」という声が出る。それだけで先生は、再びグループの学びに戻す、「いろんな言葉が出てきたな。ちょっと整理して……」とだけ言って。

考えるのは子ども。見つけ出すのは子ども。そのために必要なのは「正方形の対角線」。それを説明することなく引き出した。私は、見事な「足場架け」だと思った。

この後、子どもたちは、その対角線の長さを出そうとするだろう。そのとき、最初に口にしていた正方形の面積を半分にするという考え方が生きるだろう。対角線で分割された三角形の面積が25㎠になるからである。そうではなく、五年生で学習している「対角線×対角線÷2」というひし形の面積の公式から考えるかもしれない。とにかく、それもこれも、正方形の対角線が円の直径になるということから導き出すことができる。「たった一本の対角線」を引くことがこの学びの鍵だったのだ。

ここまで見届けて私は教室を出た。次の教室に向かわなければならなかったからである。教室を出た私は、このような場面に出会えたこと、そしてその一部始終を撮影できたことがうれしくてならなかった。そして、この日の事後研究会で、その学校の先生方に、映像を交えて伝えられると思った。こんな学びのできる子どもが育っていること、その子どもの学びを支え促進する教師の技量が養われていること、そして、それだからこそ「子どもが学び合って取り組む学び」が実現できるのだということ、それがこの学校のすべて先生方のものとして共有できる、そう思うとうれしくてならなかった。

また、こういう出来事もあった。それは、K小学校の公開研究会でのことである。「たぬきの糸車」という物語をテキストにした一年生の国語の授業でそのドラマは起きた。

その学級に「まさや」という子どもがいた。この子どもは、授業をしているR先生が入学以来ずっと心にかけてきた子どもである。この子が落ち着いて学べるようにとさまざまな手を尽くしてきたのだ。その「まさや」が、授業の終盤、思いがけない発言をしたのである。

R先生は、おかみさんが留守をしていた冬の間、山奥の一軒家で思う存分糸車を回して糸をつむいでいたたぬきが、春になって帰ってきたおかみさんに見つかって、「ぴょんぴょこ　おどりながら」帰っていく様子を考えさせた。当然、子どもたちは、糸車を回せた喜びにあふれるたぬきの様子を次々と語った。

やがてR先生は、去っていくたぬきを見送るおかみさんの気持ちに問いを移した。すると、「みなみ」という子どもが、「逃げなくてもいいのに」と言った。おかみさんはたぬきのことをかわいいと思うようになっていたから、おかみさんとしては「そんなに急いで逃げなくてもいいのに」と思ったと想像したのだろう。

そのとき、ここまでまるで発言する気配のなかった「まさや」の手があがったのである。「まさや」が発言を求めている。R先生がこのチャンスを逃すはずはない。指名を受けた「まさや」が語ったのは……。

「たぬきは逃げているんじゃないよ。帰っただけ」

たぬきは逃げていない、それは、先ほど「みなみ」が言ったことへの反論だった。「まさや」はたぬき帰っただけだと言う。いったい彼は、なぜこのことを言いたくなったのだろう。授業を参観していた私は考えた。言い終わって、他の子から、「ぼくも逃げてないと思う」という賛同の声を受ける「まさや」の表情をみつめながら。そのとき私は気づいた。そうか、そうだったのだ。まさやはとても大事なことを言ったのだと。

Ｒ先生は「おかみさんの気持ち」を尋ねていた。しかし、「まさや」はそうではなかった。彼は、たぬきの側から物語を読んでいたのだ。「ぴょんぴょこ　おどりながら」帰っていくたぬきになっていたのだ。だから、それを「逃げる」とは言ってほしくなかったのだ。

そう感じたとき、私は、この「まさや」の読み方のほうがまっとうな物語の味わい方ではないかと思えた。ここは、どう考えても、見送るおかみさんからではなく、たぬきになって読むべき場面だったからである。物語の文章もそうなっている。しかも、一年生の子どもなら当然たぬきに寄り添って読む。「まさや」のひと言は、授業をするＲ先生の発問ではこの物語は味わえないよと暗に言っているようなものだった。そう感じたとき、私は感動した。

こんな大事なことが「まさや」から生まれたのだ。Ｒ先生が一年間心を傾けて接してきた「まさや」から。それはＲ先生がすべての子どもの学びを保障しようと取り組んできた一年間の営みを象徴していると思った。ドラマは偶然起きるものではない。必然なのだ。この小さな事実から私たち教師は学ばなければならない。そう考えた私は、このことを授業後の協議会で丁寧に語ろうと思ったのだった。

私は、学校訪問の後、これはと思うことに出会うと文章にするようにしている。私自身が、その事実のもつ意味をみつめ直すためである。そのことによって私の気づきはさらに深まる。当然その文章は該当の学校の教師をはじめ多くの人たちに読んでもらうことになるから、私の気づきはそれらの教師たちに伝わっていく。大切な事実が多くの教師たちの授業づくりとつながる、それは私にとってうれしいことなのだ。この授業に対してもそうしたのだった。

5　教師や学校の「今」と「これから」を語ること

外部助言者としていつも苦慮していることがある。それは、自分は、その学校、教師の「今」に対して最も必要なことが語れたかどうか、そしてもう一つ、その学校、教師の「これから」に対して有効なことが示せたかどうかである。

学校を訪問し、授業を参観すればいろいろなことに気づくことができる。しかし、そのすべてを話せば助言になるかというとそうではない。言わねばならないのは、教師たちが今の事実を進展させたり変えたりする力になることである。それが言えるためには、子どもの学びはもちろんのこと、教師や学校の「これから」について、その日の状況に基づいてみえなければならない。それには深い洞察が必要になる。

一日の学校訪問の締めくくりには、たいていの場合、外部助言者の語る時間が設けられている。助言者は、そこで何をどう語るかにかなり心を砕いている。目にしたその学校の事実を語りたい、その事実が豊かな学びの実現とどうつながりどこに課題があるのかを明確にしたい、そのため、今やらなければいけないことは何なのか、それを心根に響くように語りたい、そう思うから考え込むのである。
もちろん、訪問前から話す内容を決めておくことはできない。それだったら、何も、何時間もかけて授業参観などしなくてもよい。外部助言者に求められているのは、その学校の「今」に対する助言なのだ。

訪問に対して行ったコメントで忘れられないことがある。その学校は、それぞれの考えを聴き合って学ぶ授業づくりを目指していた。訪問前に送られてきた資料を目にしたとき、学校全体でかなり高い共通意識を抱いて取り組んでいるという印象を受けた。取り組みが始まったばかりの学校ではない。いったいどういう子どもの学びが生まれているのだろうか、初めての訪問が楽しみだった。

ところが、この日の私のコメントはかなり厳しいものになった。子どもが学び合えていないときっぱり言い切ったのである。もっともっと子どもの状態がよくない学校があるのに、ここまできっぱり否定的なことを述べたのにはわけがあった。この学校の教師たちの誠実さと意欲は相当なものだと思われた。にもかかわらず、授業が形式的な学び合い方の指導にとどまっている。それを了解してしまったのでは、この教師たちの意欲は実を結ばない。最後のコメントまでの時間で私は決心した、あえてはっきり述べようと。それで私に対する依頼がなくなるのであればそれはそれで仕方がない。賭けよう、そう思ったのである。

私の賭けは吉と出た。その年度のあと二回の研究会が予定通り行われただけでなく、若い一人の教師が私の言ったことを全面的に受け入れて、だれもが納得する授業を実現したのである。この授業が生まれたことで、次の年度には他の学級の学び方が変化した。教師たちの取り組む方向が定まったからである。もともと誠実な教師たちだからそれは当然の結果だった。

翌年もその学校を訪問した。その最後の訪問の帰りがけ、前述した、最初に訪問した際の厳しいコメントの裏にあった思いを校長に明かしたのだった。それを聞いた校長は、そうだったのですかと安堵の表情を浮かべた。それを見て私は思った。どうやらあの時点で教師たちは大きなショックを受けていたのだと。本当に安堵したのは私だった。

外部助言者は、このように学校のあり方に対してはたらきかけをしなければならない。けれどもそれがすべてではない。教師一人ひとりの授業づくりに対しても果たさなければならないことがある。学校教育を形づくっているのは一人ひとりの教師なのだから。

ある小学校の公開研究会が終わった翌日だった。その学校の一人の教師からメールが届いた。その学校に転勤してきてまだ日の浅い教師である。彼女は、公開研の礼を述べた後、その日まで何度も私にメールしようと思ったけれど、それができずに公開研を終えてしまったと書いていた。けれども、私が講演で「教師の専門性は、事前の計画よりも、事後のふり返りで培われる」と語ったその言葉に押されてメールをする気になったのだと続けていた。

前述したように、外部助言者は教師たちとのコミュニケーションを大切にしなければならない。常々そう思っているだけに、こうしてメールをしてくれる教師がいるのはうれしいことだった。たかがメール一本、何ほどのこともできないかもしれない。けれど、私はこの教師の思いに応えなければと思った。

彼女が相談してきたことは三つあった。そのうちの一つが物語を読む国語の授業における最初の発問のあり方だった。彼女は、「（石井註・公開研の授業は）初めの重苦しい雰囲気がその後までずっと続いてしまいました。授業の最初の発問はどうすればよいのか、いつも悩んでいます」と訴えていた。私は、公開研究会でみた授業とつなげながら、彼女のその授業の場合だったらどういうことが可能かという私見を綴り、メールで送った。

翌日、私の返信を読んだ彼女から再びメールが届いた。そこには次のようなことが書かれていた。

――最初から具体的に尋ねていくことは、何か教師側から子どもたちを誘導しているようで良くないのかと思っていました。でも、子どもたちが何をどう考えればよいかわからない様子であれば、意欲的に読み描くことができる手立てを考えていかなくてはいけないのですね。――

二か月後、私はその小学校を訪問した。そして、彼女の教室に入った瞬間、なんとも言えないうれしさに包まれた。子どもたちがよく聴けていたのだ。その表情がいい。友だちの考えに「ああ！」と共感の反応も出ている。重苦しさは微塵もなかった。よかった！　私は感慨に包まれた。

事実に対して教師はどれだけ謙虚であっても過ぎることはない。そして、それは外部助言者に至っては言わずもがなである。ただ、授業をする教師、参観する外部助言者、双方の前で生まれた出来事は同じなのだけれど、その出来事の何を事実とみるかということにおいては、だれもが同じではないところに難しさがある。

私にみえている事実と、授業をした教師がみている事実が異なるとき、みえた事実に対する私の誠実さが、誠実であればあるほど通じなくなることがある。かかわり始めたばかりの学校の場合には、前述したコミュニケーションが十分になされていないことでもあり、それが私とその教師との溝になったりもする。そう考えると、私たち外部助言者は、子どもの学びに対する誠実さ、謙虚さを貫きながら、その一方で、溝があったとしても、子どもの学びに向き合い取り組んでいる教師たちにも向き合わなければならない。もちろんそれは簡単なことではない。思い悩むこともあった。眠れぬ夜を過ごすこともあった。しかし、学校へのかかわりを止めることはできない。そこに生まれた溝もまた、外部助言者にとっての事実だからである。

何度も引用することになるが、ドナルド・ショーンの「反省的実践家像」は、日々子どもと向き合っている教師だけのことではなく、大学の研究者にも、そして私たち外部助言者にも当てはまることである。そのことは、佐藤学先生と秋田喜代美先生の翻訳によるショーンの『専門家の知恵』の「研究者と実践者」の項に、以下のように述べられている。

――反省的研究者（石井註・「実践者」ではなくここでは「研究者」と述べられている）は実践の経験に対して距離をおくことはできないし、はるかに劣っているわけにはいかない。

――反省的研究者は、実践の経験の内側の見解をともかくも獲得しなければならない。

――実践者と研究者の役割は互いに行き来可能な境界を持ち、当然のことながら研究と実践のキャリアが織り合わされてゆくだろう。

私たち外部助言者は、これだけの立場に立っているわけである。「反省的・内省的」に経験を積まなければばならないのは、授業をする実践者だけでなく、研究者、外部助言者も同じなのだ。というより、私から言えば、外部助言者の私たちが「反省的研究者」にならずして、実践者へのかかわりが遂行できるはずはないのだ。

そういうことから、ここまでに述べてきた「（実践者と）コミュニケーションを図ること」「事実を大切にすること」「学ぶ心をもつこと」「教師や学校の『今』と『これから』を語ること」は、外部助言者の私も「反省的研究者」になって、実践との織り合わせに貢献していくために大切にしなければいけないことだと思っている。

私は、学校の営みを支える「頼られる外部助言者」になりたいと思ってここまで歩んできた。ある時は、訪問をする学校のあり方に心を馳せ、またある時は、一人の教師に寄り添って。いつも、これでよかったのだろうかという内省を胸に。

〝みえる〟助言者は、目の前の事実はもちろん、その事実の奥にあるもの、先にあるものまでみえるにちがいない。そのようにみえる〝まなざし〟を嘱望しながら、教師たちに寄り添い心を砕く、私が追い求める外部助言者像はそのようなものである。いつまでたっても近づけない理想像である。しかし、その困難さに立ち向かう覚悟だけはあるつもりである。

【参考文献】

ドナルド・ショーン（佐藤学、秋田喜代美訳）『専門家の知恵　反省的実践家は行為しながら考える』ゆみる出版、二〇〇一年
斎藤喜博『斎藤喜博の個人雑誌　開く　第6集』明治図書出版、一九七三年
斎藤喜博『斎藤喜博全集　2』国土社、一九七〇年
稲垣忠彦『総合学習を創る』〈シリーズ教育の挑戦〉岩波書店、二〇〇〇年
ジョン・デューイ（市村尚久訳）『学校と社会　子どもとカリキュラム』講談社・学術文庫、一九九八年
ヴィゴツキー（柴田義松訳）『思考と言語　新訳版』新読書社、二〇〇一年
佐藤学『新版　学校を改革する　学びの共同体の構想と実践』〈岩波ブックレット〉岩波書店、二〇二三年

「学び合う学び」へのまなざし——石井順治さんの見識が開いたもの

佐藤　学（東京大学名誉教授）

本書は、授業づくりと学校づくりの実践を叙述した最高の書籍の一つである。石井さんは、教職生活の全体を通して授業づくりと学校づくりに邁進し、退職後二〇年間も教師たちの授業づくりを支援し続け、その最先端を切りひらいてきた。本書は石井さんの仕事の集大成とも呼べる一冊であり、授業づくりと学校づくりの要諦が教師と子どもに対する内側からのまなざしによって活写されている。

石井さんは新任の時から現在まで「授業一筋」に歩み続け、そのときどきの教師たちが共有すべき最先端のヴィジョンを提示してきた。その追求と提案は、いつも教室の内側で煩悶する教師たちへの共感と連帯にもとづくものであった。そこに、石井さんの著書が数多くの教師たちに愛され読み継がれてきた秘密がある。

「最先端」という言葉を使ったが、石井さんの授業づくりは、絶えずイノベーションを伴って推進されてきたことが重要である。本書で詳述されているように、石井さんの一つの転換点は「優れた授業への憧れ」から「子どもに寄り添う授業」への転換だった。それだけでも教師中心の授業から一歩も二歩も脱け出しているのだが、石井さんはそこにとどまらず、「子どもに寄り添う授業」から「学び合いの授業」へと授業を進化させてきた。さらに本書において石井さんは、「学び合い」によって子どもが「学びのエージェント（agent）」として活動する授業への改革を提起している。「エージェント」という英語を日本語に翻訳するのは困難だが、「主体的な行為者」、あるいは行為によって全体を突き動かす「変革の遂行者」をイメージすると、この言葉を理解することができるだろう。私は「学びの主人公（protagonist）」あるいは「学びの主権者」と表現しているが、ほぼ同等の意味で「学びのエージェント」という言葉が使われていると言ってよいだろう。

「優れた授業への憧れ」から「子どもに寄り添う授業」そして「学び合いの授業」さらには「学びのエージェントを育てる授業」、この石井さんの授業づくりの半世紀以上に及ぶ歩みは、そのまま日本の授業と学びのイノベーションの歴史と符合する。石井さんの授業づくりはまさに、日本の授業のイノベーションを推進する最先端の歩みであった。

私が初めて石井さんと出会ったのは、今から四〇年前、私が三一歳、石井さんが三九歳のときである。三重大学に勤務していた私は卒業生の教師たちと月例授業研究会を開催していたが、実践経験を持たない私の能力では、若い教師たちを支援することは不可能であることを悟り、その悩みを恩師の稲垣忠彦先生（故人・当時東京大学教授）に相談し、稲垣先生から石井さんの研究会に参加して学ぶことを推奨されたのである。即刻、四日市市で月例授業研究会を開催している石井さんの門を若い教師たちと共に叩いた。以後、私が東京大学に転任するまでの四年間、石井さんは私に授業づくりを指南してくれる師であり、協同で授業の研究を行う親密な同僚であった。その関係は四〇年後の今も続いている。

石井さんとの濃密な四年間がなければ、その後の私の教育研究も学校改革も実を結ぶことはなかっただろう。この四年間は、個人的には博士論文（『米国カリキュラム改造史研究』東京大学出版会）の完成時期と重なっている。研究者としては稲垣先生がモデルとなり、授業と教師の在り方としては石井さんの実践がモデルとなり、授業とカリキュラムと教師の理論については博士論文の研究がモデルとなった。石井さんとの出会いにより、氷上正さんが主宰する国語教育を学ぶ会にも参加して、本書にも登場する小畑公志郎さんともつながることができた。以来、石井さんと小畑さんから学び続けて今日を迎えている。何という幸福な人生だろう。

石井順治さんの教職生活の出発点には斎藤喜博との出会いがある。その継承の象徴が「見える」という言葉である。現在の教師たちには想像できないだろうが、一九五〇年代から一九七〇年代、多くの教師たちが石井さんと同様、斎藤喜博の授業づくりと学校づくりに憧れ、新任教師に『斎藤喜博全集』をお祝いで贈るという慣習さえあった。しかし教師たちの斎藤喜博への関心は、一九八〇年代に入ると急速に衰退した。その後も斎藤の著作は復刊され、その多くの解説を私が執筆したのだが、教師たちの関心が再燃することはなかった。本書の石井さんの歩みはその転換の時期から書き起こされている。「見える」という言葉への石井さんのこだわりは、この日本の教師たちの現実と対峙している。

第1章の岩本美幸さんの授業ビデオの協議会には、小畑公志郎さんと共に私も立ちあっていた。したがって石井さんが岩本実践から本書を書き起こし、「見える」ことの意味を深く掘り下げている趣旨は納得がいく。石井さんが指摘している通り、斎藤喜博は教師たちに「見える」ことの大切さを強調し続けていた。石井さんは斎藤の「見える」を「教材が見える」「子どもが見える」「子どもの学びが見える」の三つに分節化し説得力のある説明を行っている。石井さんのこれまでの著書を読んだ人であれば、石井さんが他のどの教師よりも教室の事実が「見える」教師であったことを熟知しているだろう。私自身、石井さんと出会った直後から、石井さんの「見える」まなざしの素晴らしさに学び続けてきた者の一人である。

しかし、「見える」ことには、ある「危うさ」が伴っていると思う。石井さんに対して、その「危うさ」を感じたことはなかったが、後期の斎藤喜博における「見える」ことの強調に対して、私はその「危うさ」を覚えずにはいられない。なぜか。

その「危うさ」を一言で表現すれば、「見る—見られる」という関係が生み出す権力関係にある。教師が子どもを一方的に表象する関係は教育の権力関係そのものであり、「見える」ことは子どもを支配し統制する欲望を必然的に伴ってしまう。私の後期の斎藤への違和感はここにある。むしろ子どもが「見える」前に、教師は自らが子どもからどう見られているのかを認識する必要があるのではないだろうか。英語圏では「children are watching」という教師の格言があるが、そのまなざしが「見える」前に重要ではないだろうか。本書に登場する秋田喜代美さん(学習院大学教授)は、かつて「教育は引き受けることから出発する」と私に教えてくれたことがある。至言である。その前提がないと「見える」あるいは「子どもを見る」という教師の行為は「危うさ」を伴ってしまうのではないだろうか。

もちろん石井さんはこの「危うさ」を熟知していたし、その「危うさ」と格闘し続けてきた。その格闘を通じて石井さんは、教師のまなざしの重要性を認識し、子どもへのまなざしも子どもの学びへのまなざしも教材へのまなざしも「内側からのまなざし」でなければならないと本書で述べている。石井さんは若いころ、日本作文の会の生活綴方教育も実践していたが、その経験をもつ石井さんならではの卓見である。

ここにも斎藤喜博の「見える」ことの提唱からの石井さんによる独自の発展を見ることができる。「見える」ことから「内側からのまなざし」への展開、その意味は限りなく大きい。私たちは、子どもの学びを子どもの内側から受けとめているだろうか。「見える」ことが「内側からのまなざし」になったとき、子どもたちの学びは生命を取り戻し、授業は生き生きとした風景へと激変するだろう。私たちはもっともっと子どもの学びの事実から学ぶ必要がある。

上記のように本書の一つの断章からも、私たちは豊かな内容を無尽に学ぶことができる。本書の魅力はそこにある。

本書が生まれた基盤に石井さんが二〇年間尽力してきた「授業づくり・学校づくりセミナー」があることに言及しておきたい。「授業づくり・学校づくりセミナー」は犬山市、大津市などの地方都市、現在は名古屋市で開催され、関西と東海を中心に毎年教師たちが五〇〇名から七〇〇名も参加してきた。その規模は斎藤喜博が主宰した「教授学研究の会」を凌いでいる。このセミナーは石井さんの企画によって内容も充実しており、実践報告も研究討議も刺激的で豊かな示唆で充満している。本書で紹介された実践の多くは、このセミナーで報告された事例である。さらに石井さんが四〇年以上毎月開催してきた東海国語教育を学ぶ会の存在も、本書の基礎を支えている。セミナーと月例研究会で石井さんに協力してきた教師たちと共に本書の刊行を歓びあいたい。

本書は、一人の教師が到達することのできる最高峰の姿を私たちに開示している。ここまでいたる石井さんの道のりは、教師としての孤独と格闘し、子どもたちや若い教師たちとの関わりをとおして自らの存在を深く問い続けた歩みであったに違いない。そこから紡ぎだされる本書の言葉は、教師はどういう存在なのか、教師はどうあるべきなのかを問いかけ、その問いへの道しるべを示唆するものになっている。この歩みこそが、石井さん自身の歩みそのものであり、本書が私たちに開いている地平なのである。

◈解説

「教師として生涯学び生きる」石井順治先生に学ぶ

秋田喜代美（学習院大学教授）

「教師として生きること・学ぶこと」を支える「見えること／聴くこと」への希求

「学び続ける教師」という言葉は、現在、教育行政の中で連呼され、使用されている。しかし、その具体的な姿は真にどのようなものであるのか、あり得るのかを知る人は、実は多くないのではないだろうか。多忙の中で、子どもたちから、授業から、同僚教師から「学び続ける」ことが、いかに難しいか。いかにして学校の雑務の中であえなく阻まれるのか。多くの人が実感し、憔悴している。だから、無いものねだりのように「学び続けること」が語られ、「学び続ける教師」像は手垢にまみれた言葉になりがちである。

それに対し、石井順治先生は、いわゆる教師としての定年退職後二〇年を経ても、教師であり続けておられる。本書は、研究者には書けない、まさに教師が教師に向けて書いた本である。学校という場に長年身を置き、その後も外部助言者として、学校の内側から、教師の身体の内側を体感しつつ関与し続けているからこその書である。そして、今も私たちに、教師が子どもから学ぶとはどのようなことなのか、学び合うことによって、子どもの世界が広がり深まるとともに教師の学びがいかに深まっていくのか、その真髄を具体的な授業の姿や学校づくりの体験から示してくださっている。

一般的な世俗の概念としての「教師」は、特定の学校に勤務し、教員として資格と職場を教育委員会等から割り当てられている人のことを呼ぶだろう。石井先生は、その意味では今は教師ではない。しかし、本書を前に私の心が揺さぶられ、これは教師として生きること、学ぶこととはどのようなことかの未来を示す灯の書だと考えるのは、教師が教師としての魂や倫理観をもって学校に関与すること、授業を観て、考え、そこから学ぶとはどのようなことかを、石井先生が鮮やかに実践の姿を通して示してくださっているからである。本書を占めているのは、一人一人独自の存在である子どもたちは、「学び合う学び」によってどのように心がつながり合って学び合っていくかの発見であり、その経験を生み出す教師たちへの敬愛のまなざしである。そしてまた、その実現がどれだけ難しいかということの実感と、教師たちの苦悩、学校づくりの難しさへの共感と共に、その先にある光への指針を示している。

教師が、子どもたちに「より学ぶ喜びを」「より深い学びを」と願いながらも苦闘しているのは、子どもの声を聴くこと、そして、授業における学びのつながりが見えてくることが難しいからである。子どもの学びをたどり、なぞり、子どもの心に内側から寄り添うことで、子ども同士のつながりが見えるとはどのようなことか。それらを本書は示している。「授業が見える」「子どもの声を聴く」ことへの石井先生の飽くなき希求とその言語化が、教師にとって希望が持ちにくい時代に希望の光を与えるメッセージとなっている。教師として生きる喜びが「学び合う学び」の中にある可能性を、私たちはたしかに信じ感じることができよう。

五つの〝まなざし〟で支え包み込む専門家の知恵

私は石井先生にあこがれて三〇年間、毎年開催されてきた東海国語教育を学ぶ会による授業づくり・学校づくりセミナーに参加して学んできた。いつか石井先生のように授業が見えるようになりたい、教室で困っている子どもたちに学び合う喜びが生まれる授業について、人としてのあたたかさをもって教師たちを支えたいと、石井先生の追っかけをしてきた。私は、「明日には檜のようになりたい」と願いながら、いつになってもなれないあすなろの木であり、石井先生は年輪を重ねかぐわしい日本を代表する檜の木である。セミナーの分科会等では、佐藤学先生と小畑公志郎先生がペアになり、石井先生と当方がペアを組ませていただくことを何年も続けてきた。だから、本書に紹介されている小学校の授業実践の多くを、私もまた動画で見ている。しかし、石井先生のように見ようとしても見えない自分がいる。

私の記録にはないが石井先生の記録にはあるものが本書からはよく見える。石井先生が書かれている授業記録は、子ども一人一人のことばを正確丁寧に聴き取ると同時に、そこに子どもの息遣いや学びのテンポ、子どもと子ども、子どもと教材がどのようにつながっているのかが読み手に伝わる記録であるという特徴がある。そして、そこから石井先生が何を読み取ったか、何に心動かされ、何に驚いたり発見したりしたのかという喜びも併せて伝わってくる。また、同僚を支えたい、若い教師を応援したいという愛情がこもっている。こうした記録は、いくら生成ＡＩが発達しても、音声の自動文字起こしが可能になっても、できないだろう。そこに専門家としての教師、石井順治先生の専門的な知恵と見識が見えてくる。だから、本書は実践者としての記録であり、実践者に寄り添う助言者としてのあたたかな血の通った授業実践記録なのである。

「第4章　教育の質を決める五つの〝まなざし〟」で石井先生が書いてくださった〝まなざし〟、「子どもへの〝まなざし〟」「学習材への〝まなざし〟」「子どもの学びへの〝まなざし〟」「自分自身への〝まなざし〟」「教師同士の〝まなざし〟」は、私のように、授業が見えるようになりたい、困難な子どもも含めすべての子どもに深い学びの喜びを――と願う者に、授業で、学校づくりで何が大事かを改めて体系的に示すものである。「子どもへの〝まなざし〟」と「子どもの学びへの〝まなざし〟」の違いを捉え、対象に対するだけではなく、「自分自身への〝まなざし〟」と「教師同士の〝まなざし〟」を向けていくことの大切さを示すことは、石井先生の身体をくぐった経験だからこそ生み出されたものであるだろう。これら五つは決して分析的なものではなく、一人の教師・石井順治先生の生きざまとなって体現されている。

デジタル化や少子化等で学校の姿が大きく変わっていっても、「学び合う学び」が公教育の礎になることは間違いない。そして、それを支える教師の専門家としての仕事とは何かを、本書を繰り返し読み味わうことで私たちは今こそ学んでいく必要があるのではないだろうか。

教師でなければできないことは何か、学び続ける教師にしか可能とならないことは何か、「学び合う学び」実現に向けた学校づくりに必要なことは何か。これらの難題に、石井先生が生涯をかけて示してこられた専門家としての生きざまを本書は示し、答えてくれている。石井先生との出会いのご縁と、本書にこのように拙文を記す機会を与えていただいたことに心からの感謝を表したい。

石井順治（いしい・じゅんじ）

1943年生まれ。三重県内の小学校で主に国語教育の実践に取り組むとともに、氷上正氏（元・神戸市立御影小学校長）に師事し「国語教育を学ぶ会」の事務局長、会長を歴任する。その後、四日市市内の小中学校の校長を務め、2003年3月末退職。退職後は、佐藤学氏（東京大学名誉教授）、秋田喜代美氏（学習院大学教授）と連絡をとりながら、各地の学校を訪問し授業の共同研究を行うとともに、「東海国語教育を学ぶ会」の顧問を務め、「授業づくり・学校づくりセミナー」の開催に尽力している。2021年11月 瑞宝双光章受章。

〈主な著書〉

『学びの素顔』世織書房、2009年
『ことばを味わい読みをひらく授業』明石書店、2006年
『授業づくりをささえる』評論社、1999年
『教師が壁をこえるとき』（共著）岩波書店、1996年
『国語Ⅰ 漢字の字源をさぐる』〈シリーズ授業 実践の批評と創造1〉（共著）岩波書店、1991年
『「学び合う学び」が生まれるとき』世織書房、2004年
『「学び合う学び」が深まるとき』世織書房、2012年
『教師の話し方・聴き方　ことばが届く、つながりが生まれる』ぎょうせい、2010年
『続・教師の話し方・聴き方　学びの深まりのために』ぎょうせい、2014年
『「対話的学び」をつくる　聴き合い学び合う授業』ぎょうせい、2019年
『続・「対話的学び」をつくる　聴き合いとICTの往還が生む豊かな授業』ぎょうせい、2021年

「学び合う学び」を生きる
“まなざし”と“内省的実践”がつくる授業

令和５年８月20日　第１刷発行

著　者　石井順治

発　行　株式会社ぎょうせい

〒136-8575　東京都江東区新木場1-18-11
URL：https://gyosei.jp

フリーコール　0120-953-431
ぎょうせい　お問い合わせ　検索　https://gyosei.jp/inquiry/

〈検印省略〉

印刷　ぎょうせいデジタル株式会社

※乱丁・落丁本はお取り替えいたします。

ISBN978-4-324-11297-7
(5108886-00-000)
〔略号：学び合う学び〕